中等职业教育会计专业系列

出纳实务

CHUNA SHIWU

○主 编 曹 骥 何仁聘
○副主编 陈祥碧 寇恩华 蒋 敏

重庆大学出版社

内 容 提 要

本书全面地讲述了出纳工作的理论知识与实务工作内容。全书共 8 个项目,其中包括"出纳员岗位描述""出纳员基本技能""会计凭证管理""账簿的管理""现金业务""银行存款业务""银行账户的管理"和"其他事项"等内容。每一项目配有"学习目标",让学生在学习每个项目时都能事先知道自己学习本项目的目标。

本书不仅可作为大中专学生的教材,也可作为从业人员的阅读参考书。

图书在版编目(CIP)数据

出纳实务 / 曹骥,何仁聘主编.—重庆:重庆大
学出版社,2014.9(2022.9 重印)
中等职业教育会计专业系列规划教材
ISBN 978-7-5624-8566-7

Ⅰ.①出… Ⅱ.①曹…②何… Ⅲ.①出纳—会计实
务—中等专业学校—教材 Ⅳ.①F233

中国版本图书馆 CIP 数据核字(2014)第 204399 号

中等职业教育会计专业系列规划教材
出纳实务
主 编 曹 骥 何仁聘
副主编 陈祥碧 寇恩华 蒋 敏
责任编辑:顾丽萍 版式设计:顾丽萍
责任校对:刘雯娜 责任印制:张 策
*
重庆大学出版社出版发行
出版人:饶帮华
社址:重庆市沙坪坝区大学城西路 21 号
邮编:401331
电话:(023)88617190 88617185(中小学)
传真:(023)88617186 88617166
网址:http://www.cqup.com.cn
邮箱:fxk@ cqup.com.cn(营销中心)
全国新华书店经销
重庆市联谊印务有限公司印刷
*
开本:720mm×960mm 1/16 印张:11 字数:197千
2014 年 9 月第 1 版 2022 年 9 月第 3 次印刷
印数:3 056—3 555
ISBN 978-7-5624-8566-7 定价:31.00元

前 言

　　为了全面贯彻落实《国家中长期教育改革和发展规划纲要(2010—2020)》和《中等职业教育改革创新行动计划(2010—2020)》,根据最新的《企业会计准则》《现金管理暂行条例》和《会计基础工作规范》的规定,针对出纳岗位,选择 8 个典型项目,包括出纳员岗位描述、出纳员基本技能、会计凭证管理、账簿管理、现金业务、银行存款业务、银行账户管理、其他事项等项目作为教材的主要内容,使学生能在模拟的职业场景中体会出纳岗位工作,培养了学生实际工作中所必需的职业理论、职业技能、职业态度,缩短了学生就业能力与企业人才需求的距离。

　　本书具有以下特点:

　　岗位主导:以行业需求调研和典型工作任务分析为基础,培养学生以岗位能力为核心的出纳综合技能。

　　能力本位:通过项目主导、工作任务引领项目的主要内容,培养学生形成以出纳岗位能力为核心,基本素质能力和职业拓展能力为支撑的综合岗位能力体系。

　　学做结合:课程教学与职业资格证书融合,课程教学与岗位能力融合,课程教学与跟岗实践融合。

　　本书由重庆市经贸中等专业学校高级讲师曹骥及重庆市经贸中等专业学校校长、高级讲师何仁聘担任主编,重庆财经职业学院陈祥碧副教授、重庆市经贸中等专业学校寇恩华老师及重庆财经职业学院蒋敏老师担任副主编,负责拟定编写大纲和进行全书总纂。重庆市经贸中等专业学校、重庆财经职业学院、重庆新合集团有限公司、重庆博众财务咨询公司、重庆市农产品集团公司、重庆市农资集团有限公司、重庆市永川区财政局、重庆市永川区审计局、重庆市永川区税务局等单位部分教师、财务人员、工作人员参与了教材编写工作。编写分工如下：项目1由蒋敏负责编写，项目2由周运国负责编写，项目3由吴晓香负责编写，项目4由张雪如负责编写，项目5,6,7由寇恩华、蒋敏负责编写，项目8由赵太明负责编写。

由于编者水平有限，加之时间仓促，本书疏忽之处在所难免，恳请读者批评指正。

编　者

2014 年 8 月

目 录

项目 1
出纳员岗位描述

学习目标

◇了解出纳概述及角色定位。

◇了解出纳与会计的关系。

◇熟悉出纳的工作内容及职能。

◇掌握出纳的职责及权限。

◇学习出纳工作的内部控制要求。

◇了解出纳人员的职业道德要求。

任务 1　出纳概述及角色定位

"出纳"作为一个重要的会计名词,在不同场合有着不同的含义和内容,既可以表示出纳工作,同时也可以表示出纳人员。

1.1.1　出纳的定义

从字面上看,"出"是指支出,"纳"意为收入,出纳的意思就是负责现金的收入和支出。出纳工作就是管理货币资金、票据、有价证券的收入和支出的一项工作。

具体来讲,出纳工作就是按照国家现金管理的相关规定和制度,办理现金收付、银行结算及相关账务工作,保管库存现金、有价证券、财务印章及有关票据等。一般来说,只要是涉及票据、货币资金和有价证券的收付、保管、核算,都属于出纳工作的范围。出纳工作既包括各单位业务部门及会计部门专设出纳机构的各项票据、货币资金、有价证券收付业务处理,还包括票据、货币资金、有价证券的整理和保管等工作,也包括货币资金和有价证券的核算等工作。

1.1.2　出纳人员的定义

从广义上讲,出纳人员既包括会计部门的出纳工作人员,也包括业务部门的各类收款员。之所以各类收款员也属于出纳人员的范畴,是因为从其工作内容、方法、要求以及他们本身应具备的素质等方面来看,都与会计部门的专职出纳人员有很多相同之处。而狭义的出纳人员,仅指会计部门的出纳人员。

无论是出纳人员还是各类收款人员,他们的主要工作都是办理货币资金和各种票据的收入,保证自己经手的货币资金和票据的安全性与完整性,以及填制和审核原始凭证。出纳人员要根据《中华人民共和国会计法》(以下简称《会计法》)以及《会计人员工作规则》的要求从事出纳工作。除了要有过硬的出纳业务知识以外,出纳人员还必须具备良好的财经法纪素养和职业道德修养。

特别提示

收款员一般工作在经济活动的第一线,各种票据和货币资金的收入,特别是货币资金的收入,通常是由他们转交给专职出纳的。因此,也可以说,收款员是出纳机构的派出人员,他们是各单位出纳队伍中的一员,他们的工作是整个出纳工作的一部分。

1.1.3　出纳机构

由于出纳工作的特殊性,一般要求在会计部门内部安排专门的工作场所办理出纳业务,这种场所称之为出纳室或出纳组。出纳室或出纳组配合多少出纳人员,主要取决于单位出纳业务量的大小和内部管理要求。规模小、业务简单的企事业单位,通常制定一名专职或兼职出纳人员。规模大、分支经营机构多的公司,为了提高现金的有效管理和总体利用效益,往往把分支经营机构出纳业务集中办理,总部设立专门的内部"结算中心"配备多名出纳人员,这种结算中心也是出纳机构。

1.1.4　出纳的角色定位

出纳在企业中是一个独立的岗位,从事的是会计工作的一部分,是会计工作中不可缺少的一个环节。《会计基础工作规范》对出纳岗位有诸多限制性规定,例如,出纳人员不得兼管会计档案保管、稽核,以及收入、费用、债权债务账目的登记工作等。

1)出纳在企业中的角色

在企业的管理工作中,出纳能够起到监督管理的作用,为企业经济管理和经营决策提供各种经济信息。具体来说,有以下几点:

(1)负责核算工作

出纳在企业的核算中担负着最基本的核算工作,包括现金收付和银行结算这些会计核算中的基本业务,是保证会计工作顺利进行和良性发展的基础。

(2)负责管理工作

出纳在企业中担负着重要的管理责任,其工作的好坏直接影响企业的财务管理水平和经营决策。其具体工作包括管理银行单据和票据,保管企业的货币资金和有价证券,分析研究企业资金使用效益,为企业投资决策提供金融信息,参与企业的方案评估、投资效益预测分析等。

(3)具有监督作用

出纳在企业的经营活动中起着重要的监督作用,主要负责监督货币资金收付业务以及各项经济业务的合理性、合法性,防止出现差错,避免给企业造成不必要的损失。

2)出纳在会计循环中的角色

企业的正常资金运营离不开良好的会计循环机制,而出纳在会计循环中起着不可或缺的特殊作用。具体内容包括以下几点:

①严格贯彻财经政策,认真审核单据和业务。

②管理好货币资金和银行票据。

③确保资金安全,防止诈骗,减少失误,降低损失。

④审查支出性质,拒绝违规支出。

⑤准确、及时地提交财务报告,反馈经济信息。

任务2 出纳与会计的关系

出纳与会计都属于财务人员,二者的工作既有区别,同时也存在着许多必然的联系。从人员关系上来讲,出纳人员与会计人员都属于一个独立核算单位的财务工作者,都处于要害工作岗位,他们的地位是等同的。从业务关系上来说,出纳与会计都属于一个单位的财会岗位,工作中应相互协助、密切合作,共同打理好企业的日常财会业务,做好本职工作。

特别提示

出纳与会计之间有着明确分工,工作上各有侧重,即"出纳管钱,会计管账"。精明的企业领导者在选择出纳人员时,除了看其是否忠诚可靠外,还要看其是否有现代经营意识,是否有社会活动能力,这也就是通常所说的公关能力。

《会计法》中明确规定企业必须实行钱账分管,出纳人员不得兼管稽核和会计档案保管,以及收入、费用、债权债务等账目的登记工作;总账会计和明细账会计则不得管钱、管物。具体分工如图1.1所示。

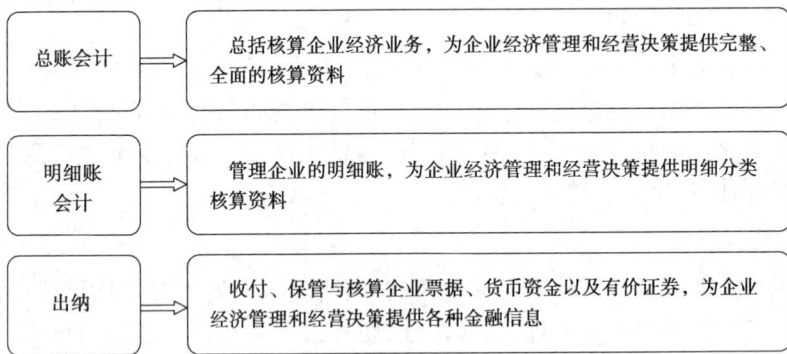

总账会计	→	总括核算企业经济业务,为企业经济管理和经营决策提供完整、全面的核算资料
明细账会计	→	管理企业的明细账,为企业经济管理和经营决策提供明细分类核算资料
出纳	→	收付、保管与核算企业票据、货币资金以及有价证券,为企业经济管理和经营决策提供各种金融信息

图1.1 会计与出纳的分工

任务3 出纳的工作内容及职能

1.3.1 出纳的工作内容

出纳人员的工作内容主要涉及以下几个方面:

①按照国家有关现金管理和银行结算制度的规定,办理现金收付和银行结算业务。

②严格审核有关原始凭证,据以编制收、付款凭证,然后根据收、付款凭证的顺序逐笔登记现金日记账和银行存款日记账,并结出余额。

③随时查询银行存款余额,不准签发空头支票,不准出租、出借银行账户。

④保证库存现金和各种有价证券的安全与完整。

⑤按照国家外汇管理和结汇、购汇制度的规定以及有关批件,办理外汇出纳业务等。

⑥出纳人员一般只负责现金日记账和银行存款日记账的登记工作,不得兼管稽核和会计档案保管,不得负责收入、费用、债权债务等账目的登记工作。

1.3.2　出纳的工作职能

1)收付职能

出纳的最基本职能是收付职能。企业经营活动少不了货物价款的收付、往来款项的收付,也少不了各种有价证券以及金融业务往来的办理。这些业务往来的现金、票据和金融证券的收付和办理,以及银行存款收付业务的办理,都必须经过出纳人员之手。

2)反映职能

出纳要利用统一的货币计量单位,通过其特有的现金与银行存款日记账、有价证券的各种明细分类账,对本单位的货币资金和有价证券进行详细的记录与核算,以便为经济管理和投资决策提供所需的完整、系统的经济信息。因此,反映职能是出纳工作的主要职能之一。

3)监督职能

出纳要对企业的各种经济业务,特别是货币资金收付业务的合法性、合理性和有效性进行全过程的监督。

4)管理职能

出纳还有一个重要的职能是管理职能。对货币资金与有价证券进行保管,对银行存款和各种票据进行管理,对企业资金使用效益进行分析研究,为企业投资决策提供金融信息,甚至直接参与企业的方案评估、投资效益预测分析等都是出纳的职责所在。

任务4 出纳的职责及权限

1.4.1 出纳的岗位职责

出纳工作涉及的是现金收付、银行结算等活动,直接关系到单位和职工个人的经济利益,如果出现差错,往往会造成难以挽回的损失。《会计法》《会计基础工作规范》等会计法律法规对出纳人员的职责作出了相应的规定。具体来讲有以下几个方面的要求:

①按照国家有关现金和银行结算制度的规定,办理现金收付和银行结算业务。

②办理现金和银行存款收付业务时,要严格审核有关原始凭证,根据编制的收付款记账凭证逐笔顺序登记现金日记账和银行存款日记账。

③按照国家外汇管理和结汇、购汇制度的规定及有关批件,办理外汇出纳业务。

④掌握银行存款余额,不得签发空头支票,不得出租、出借银行账户为其他单位办理结算。

⑤保管库存现金和各种有价证券的安全与完整。

⑥保管有关印章、空白收据(发票)和空白支票。

有些企业出纳人员还承担办理银行账户的开立、变更和撤销业务,协助相关人员办理营业执照、企业代码证和贷款卡年检工作等职责。

1.4.2 出纳的工作权限

根据《会计法》《会计基础工作规范》等财会法规,出纳员具有以下权限:

①维护财经纪律,执行财会制度,抵制不合法的收支和弄虚作假行为。《会计法》是中国会计工作的根本大法,是会计人员必须遵循的重要法律。《会计法》第三章第十六条、第十七条、第十八条、第十九条中对会计人员如何维护财经纪律提出具体规定。这些规定,为出纳员实行会计监督、维护财经纪律提供了法律保障。出纳员应认真学习、领会、贯彻这些法规,充分发挥出纳工作的"关卡""前哨"作用,为维护财经纪律、抵制不正之风作出贡献。

②参与货币资金计划定额管理的权力。现金管理制度和银行结算制度是出纳员开展工作必须遵照执行的法规。这些法规,实际上是赋予了出纳员对货币资金管理的职权。例如,为加强现金管理,要求各单位的库存现金必须限制在一定的范围内,多余的要按规定送存银行,这便为银行部门利用社会资金进行有计划放款提供了资金基础。因此,出纳工作不是简单的货币资金的收付,不是无足轻重地点点钞票,其工作的意义只有和许多方面的工作联系起来才能体会到。

③管好用好货币资金的权力。出纳工作每天和货币资金打交道，单位的一切货币资金往来都与出纳工作紧密相联，货币资金的来龙去脉，周转速度的快慢，出纳员都清清楚楚。因此，提出合理安排利用资金的意见和建议，及时提供货币资金使用与周转信息，也是出纳员义不容辞的责任。出纳员应抛弃被动工作观念，树立主动参与意识，把出纳工作放到整个会计工作、经济管理工作的大范围中，这样，既能增强出纳的职业光荣感，又为出纳工作开辟了新的视野。

任务5　出纳工作的内部控制要求

《会计法》第二十一条第二、三款规定："会计机构内部应当建立稽核制度。出纳人员不得监管稽核、会计档案保管和收入、费用、债权债务账目的登记工作"。为了保护企业资产的安全完整，保证会计信息的真实性，协调各部门经济活动有效运转，出纳工作形成了一整套相互协作、相互牵制的内部控制体系，集中体现在钱账分管原则上。所谓钱账分管原则是指，凡是涉及款项和财务收付、结算及登记的任何一项工作，必须由两人或两人以上分工协作办理。具体来说，与出纳岗位相关的企业内部控制要求主要体现在以下几个方面：

①货币资金的收付及保管应由被授权批准的专设出纳人员负责，其他人员不接触。会计部门内部，总账会计、明细账会计不得监管出纳工作。

②出纳人员不能同时负责总账的登记和保管。

③出纳人员不能同时负责非货币资金账户的记账工作。即出纳人员不得负责收入、费用、债权债务等账目的登记工作。

④出纳人员应与货币资金审批人员相分离，实施严格的审批制度。

⑤货币资金的收付和控制的专用印章不得由一人监管。即出纳人员不得保管专用货币资金收付的企业财务专用章。

⑥出纳人员应与货币资金的稽核人员、会计档案保管人员相分离。

⑦出纳人员应与负责现金清查人员和银行对账人员相分离。

⑧建立出纳人员、专用印章保管人员、会计人员、稽核人员、会计档案保管人员及货币资金清查人员的责任制度。

【案例1.1】大发电子公司是重庆市的一家小企业，为了提高工作效率和节约人员开支，财务室只有主管会计和出纳两个人，其中出纳是一位刚从某中专财会专业毕业不久的学生。在分工上，出纳负责现金日记账、银行存款日记账、应收账款明细账和应付账款明细账的登记工作。这位出纳利用既管银行存款日记账，又管债权债务明细账的有利条件，对企业支付的购料款和收到客户归还的销货款以种种手段大肆贪污。由于应收账款、应付账款和银行存款由出纳一个人管理，因此在很长一段时间内，居然无人发现出纳的这种行为。一天，与该单位负责人比较熟悉的一位客户在与该单位成交了一笔业务后,很长时间未收到货款,该客户就打电话请求该单位负责人关心一下付款的事。该单位负责人找到出纳,要求出纳查找这笔业务的付款情况。出纳在作了一番搪塞之后,要求于第二天给予查找结果。晚上回家,这位出纳越想越觉不对,越想越害怕,他想与其坐以待毙,不如"三十六计走为上计",当天晚上就匆忙出走了。这家公司此时还未明白过来是怎么回事。后来该公司组织有关人员对出纳负责的银行存款日记账、应收账款、应付账款等进行了全面清理,发现该出纳共贪污120万元左右的款项。这名出纳后来也受到了应有的处罚,不但全部退还赃款,还要用自己的青春来弥补自己犯下的过错。

任务 6　出纳人员的职业道德

出纳人员肩负着企业全部货币资金、有价证券的收支、保管和核算任务,掌管着本单位全部票据,是名副其实的"管家",没有良好的职业道德是无法胜任本职工作的,因此各单位对出纳人员素质均提出明确要求。

出纳人员必须具备良好的职业道德修养,要热爱本职工作,敬业、精业;要科学理财,充分发挥资金的使用效益;要遵纪守法,严格监督,并且以身作则;要洁身自好,不贪、不占公家便宜;要实事求是,真实客观地反映经济活动的本来面目;要注意保守机密;要竭力为本单位的中心工作、为单位的总体利益、为全体员工服务,牢固树立为人民服务的思想。钱账分管原则是出纳工作的一项重要原则,各单位都应建立健全这一制度,防止营私舞弊行为的发生,维护国家和单位财产的安全。

出纳是一项特殊的职业,它整天接触的是大把大把的金钱,成千上万的钞票,真可谓万贯家财手中过。没有良好的职业道德,很难顺利通过"金钱关"。与其他会计人员相比较,出纳人员更应严格地遵守职业道德。

【案例1.2】2010年,重庆大发公司因业务发展需要,从人才市场招聘了一名具有中专学历的张雨担任出纳。一开始,他勤恳敬业,公司领导和同事对他的工作都很满意。但受到同事在股市赚钱的影响,张雨也开始涉足股市。然而事非所愿,张雨进入股市很快被套牢。想急于翻本又苦于没有资金,他开始对自己每天经手的现金动了邪念,凭着财务主管对他的信任,拿了财务主管的财务专用章在自己保管的空白现金支票上任意盖章取款。月底,银行对账单也是其到银行提取且自行核对,因此在很长一段时间未被发现。至案发时,公司蒙受了巨大的经济损失。张雨也因为自己的行为触犯了法律,进了牢笼。这种教训是非常深刻的。

【复习思考题】

1. 简述出纳的岗位职责有哪些。
2. 简述出纳工作内容控制的要求有哪些。
3. 出纳与会计的联系与区别有哪些?

项目 2
出纳员基本技能

学习目标

◇掌握数字和文字书写的规则。

◇掌握人民币防伪特征与鉴定方法。

◇掌握点钞基本方法与要领。

◇学习破损人民币处理方法。

◇了解保险柜管理要求。

任务 1 数字和文字书写规则

文字和数字的规范书写,是对出纳人员的基本要求之一。无论是开具发票,还是填写支票,或者是编制凭证、登记账簿,对文字和数字的书写都有规范性的要求。

2.1.1 会计数字书写规范

在世界各国的会计记录中,通常采用的数字是阿拉伯数字。阿拉伯数字书写规范是指要符合手写体的规范要求,如图 2.1 所示。

图 2.1 会计数字书写范例

1)数字书写要求

①每个数字要大小匀称,笔画流畅,每个数字独立有形,不能连笔书写,要让使用者一目了然。

②每个数字要紧贴底线书写,但上端不可顶格,其高度占全格的 1/2 ~ 2/3 的位置,要为更正错误数字留有余地。有圆圈的数字如 6,8,9,0 等,圆圈必须封口。除 6,7,9 外,其他数字高低要一致。书写数字"6"时,上端比其他数字高出 1/4,书写数字"7"和"9"时,下端比其他数字伸出 1/4。

③书写每个数字排列有序,并且数字要有一定倾斜度。各数字的倾斜度要一致,一般要求上端一律向右倾斜 45° ~ 60°。

④书写数字时,各数字从左至右,笔画顺序是自上而下,先左后右,并且每个数字大小一致,数字排列的空隙应保持一定且同等距离,每个数字上下左右要对齐,在印有数位线的凭证、账簿、报表上,每一格只能写一个数字,不得几个数字挤在一个格里,更不能在数字中间留有空格。

⑤会计数字的书写必须采用规范的手写体书写,这样才能使会计数字规范、清晰、符合会计工作的要求。

⑥会计工作人员要保持个人的独特字体和书写特色,以防止别人模仿或涂改。会计数字书写时,除"4"和"5"以外的数字,必须一笔写成,不能人为地增加数字的笔画。

⑦不要把"0"和"6","1"和"7","3"和"8","7"和"9"书写混淆。在写阿拉伯数字的整数部分时,可以从小数点向左按照"三位一节"用分位点",",分开或加1/4空分开,如8,541,630或8 541 630。

⑧阿拉伯数字表示的金额为小写金额,书写时,应采用人民币符号"￥"。书写人民币符号时,要注意"￥"与阿拉伯数字的明显区别,不可混淆。在填写会计凭证、登记会计账簿、编制会计报表时,数字必须要按数位填入,金额要采用"0"占位到"分"为止,不能采用画线等方法代替。

特别提示

"￥"是汉语拼音文字之元(yuan)第一个字母缩写变形,它既代表了人民币的币制,又表示人民币"元"的单位。所以,小写金额前填写人民币符号"￥"以后,数字后面可不写"元"字;并且"￥"与数字之间不能留有空格。

2)数字书写错误的订正方法

书写数字发生错误时,严禁采用刮、擦、涂改或采用药水消除字迹方法改错,应采用正确的更正方法进行更正。更正的方法叫画线更正法,即将错误的数字全部用单红线注销掉,并在错误的数字上盖章,而后在原数字上方对齐原位填写出正确的数字,如表2.1所示。

表2.1　银行存款数字的更正

07年		记账凭证		摘要	对应科目	借 方	贷 方	借或贷	余 额
月	日	类别	号数			亿千百十万千百十元角分	亿千百十万千百十元角分		亿千百十万千百十元角分
12	1			期初余额				借	2000000
	2	收	1	收到销货款	主营业务收入	1000000		借	3000000
	6	付	1	支付购入材料款	物资采购		1500000	借	1500000
	8	付	3	购买办公用品	管理费用		34000〜3400	借	
								借	

2.1.2 文字的书写规则

1）一般文字的书写规则

账、证、表的文字与数字的书写是出纳人员的重要基本功。凭证的处理、账簿的登记、报表的编制都需要用规范的文字和数字加以表达，应当做到使书写的文字和数字正确、清晰、流利、匀称。

①要用蓝黑墨水或碳素墨水书写，不得用铅笔、圆珠笔（用复写纸复写除外）。红色墨水只在特殊情况下使用。填写支票必须使用碳素笔书写。

②文字书写一般要紧靠左竖线书写，文字与左竖线之间不得留有空白部分。

③文字不能顶格写，一般要占空格的1/2或2/3。

④文字要清晰，要用正楷或行书书写。

2）中文大写数字的书写规则

中文大写数字笔画多，不易涂改，主要用于填写需要防止涂改的销货发票、银行结算凭证等信用凭证，书写时除了要满足一般文字的书写规则外，还要求准确、清晰、工整、美观，如果写错，要标明凭证作废，需要重新填凭证。

（1）中文大写数字写法

中文分为数字（壹、贰、叁、肆、伍、陆、柒、捌、玖）和数位［拾、佰、仟、万、亿、元、角、分、零、整（正）］两个部分，如图2.2所示。中文书写通常采用正楷、行书两种。会计人员在书写中文大写数字时，不能用〇（另）、一、二、三、四、五、六、七、八、九、

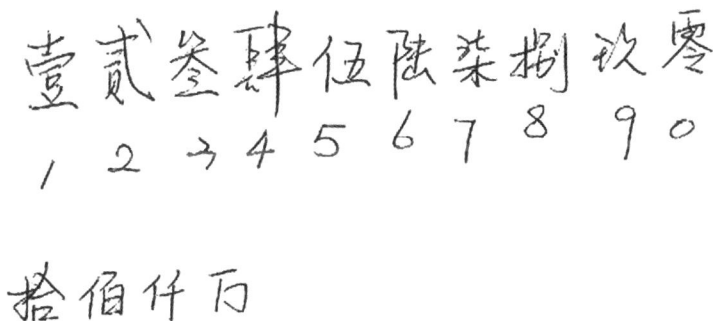

壹贰叁肆伍陆柒捌玖零
1 2 3 4 5 6 7 8 9 0

拾佰仟万

图2.2 中文大写数字书写范例

十等文字代替大写金额数据。

（2）中文大写数字的基本要求

①大写金额由数字和数位组成。数位主要包括：元、角、分、人民币和拾、佰、仟、万、亿以及数量单位等。

②大写金额前若没有印制"人民币"字样的，书写时，在大写金额前要冠以"人民币"字样。"人民币"与金额首位数字之间不得留有空格，数字之间更不能留存空格，写数字与读数字顺序要一致。

③人民币以元为单位时，只要人民币元后分位没有金额（即无角无分时，或有角无分），应在大写金额后加上"整"字结尾；如果分位有金额，在"分"后不必写"整"字。例如，58.69元，写成：人民币伍拾捌元陆角玖分。因其分位有金额，在"分"后不必写"整"字。又如，58.60元，写成：人民币伍拾捌元陆角整。因其分位没有金额，应在大写金额后加上"整"字结尾。

④如果金额数字中间有两个或两个以上"0"时，可只写一个"零"字。如金额为800.10元，应写为：人民币捌佰元零壹角整。

⑤表示数字为十几、十几万时，大写文字前必须有数字"壹"字，因为"拾"字代表位数，而不是数字。例如10元，应写为：壹拾元整。又如16元，应写成：壹拾陆元整。

⑥大写数字不能乱用简化字，不能写错别字，如"零"不能用"另"代替，"角"不能用"毛"代替等。

特别提示

中文大写数字不能用中文小写数字代替，更不能与中文小写数字混合使用；中文大写数字写错或发现漏记，不能涂改，也不能用"画线更正法"，必须重新填写凭证。

（3）大写金额写法解析

会计人员进行会计事项处理书写大小写金额时，必须做到大小写金额内容完全一致，书写熟练、流利，准确完成会计核算工作。下面列举在书写大写金额时，容易出现的问题并进行解析。

①小写金额为 6 500 元。

正确写法:人民币陆仟伍佰元整

错误写法:人民币:陆仟伍佰元整

错误原因:"人民币"后面多一个冒号。

②小写金额为 3 150.50。

正确写法:人民币叁仟壹佰伍拾元零伍角整

错误写法:人民币叁仟壹佰伍拾元伍角整

错误原因:漏写一个"零"字。

③小写金额为 105 000.00 元。

正确写法:人民币壹拾万零伍仟元整

错误写法:人民币拾万伍仟元整

错误原因:漏记"壹"和"零"字。

④小写金额 60 036 000.00 元。

正确写法:人民币陆仟零叁万陆仟元整

错误写法:人民币陆仟万零叁万陆仟元整

错误原因:多写一个"万"字。

⑤小写金额 35 000.96 元。

正确写法:人民币叁万伍仟元零玖角陆分

错误写法:人民币叁万伍仟零玖角陆分

错误原因:漏写一个"元"字。

⑥小写金额 150 001.00 元。

正确写法:人民币壹拾伍万零壹元整

错误写法:人民币壹拾伍万元另壹元整

错误原因:将"零"写成"另",多出一个"元"字。

任务 2　验钞技能

出纳员在日常工作中,经常接触大量的现金,因此掌握识别人民币真伪的知识是很有必要的。

2.2.1　人民币防伪特征

2005年版第五套人民币100元纸币防伪特征及新特征

双色异形横号码
固定人像水印
胶印缩微文字
胶印对印图案
凹印手感线
隐形面额数字

光变油墨面额数字
白水印
雕刻凹版印刷
手工雕刻头像

全息磁性开窗安全线
胶印对印图案

汉语拼音"YUAN"
年号"2005年"

□ 红色字所指为2005年版纸币增加、调整的防伪特征。
□ 绿色字所指与1999年版纸币防伪特征一致。

图2.3　人民币防伪特征

2.2.2 假币鉴别方法

1）纸张

真钞用纸是专用的造币纸,手感薄,整张币纸在紫外线下无荧光反应,如图2.4所示。币纸中不规则分布着黄蓝色荧光纤维,日光下肉眼可见,在紫外线下纤维有荧光反射。假钞用纸是普通胶版纸或普通书写纸,手感较厚,表面平滑,在紫外光下币纸呈现白色荧光,且无黄蓝色荧光纤维。但有时真币也会在紫外光下呈现白色荧光,这是因为纸币被含荧光剂的物质(最普遍的就是日用的洗衣粉)污染了。

2）印刷

真钞的正背面图案均为雕刻凹版印刷,人物的头发根根清晰可辨,线条光洁凸立,仔细摸索,能够感觉到人像上每根头发的纹路,如图2.5所示。假钞一般采用平印刷、四色套印,所以图案着墨不匀,纹理不清晰。肖像的头发是由网点油墨堆积成片,因此发丝无法辨认。假钞指纹同样是由网点组成,如借助8倍左右放大镜观察,根据直线或曲线变成一个个小点形成的线,杂乱错落无序。

图2.4 真钞的用纸

图2.5 真钞的印刷

3）磁性安全线

真钞安全线具有磁性,可用机器辅助识别,肉眼可见安全线内有缩微文字(限于100,50,20元),文字清晰,间隔有序,线条宽窄一致,如图2.6所示。假钞安全线很难做到有磁性,虽也有文字但并不整齐,且线有窄有宽。由于是手工埋设,纸张褶皱不平,加上塑料质的安全线与纸张伸缩率不同,埋设得又不服帖,致使安全线两端长出一段,呈银白色的点状线头。

4)固定人像水印

真钞水印是造纸过程中趁纸浆未完全吃水、干燥之前经模具挤压形成,压力轻重大小形成图像的明暗层次,且层次过渡自然,富有神韵,图像清晰,立体感强,如图2.7所示。假钞水印由手工制作,质量低劣。目前所知的制作方法有揭开纸张的夹层,在其中涂上一层糊状物,再将两层纸一并合压,趁湿把纸垫在刻有图像的凹版上,经压而成。手工操作,致使具有水印一端的假钞纸张不平整。

图2.6　磁性安全线

图2.7　水印

5)胶印对印图案

真钞的正背面互补对印图案是印钞专用设备正背面一次印刷完成。正背面的互补对印图案,在透视条件下完全吻合,准确无误,如图2.8所示。假钞分作正背面两次平印印刷,对印图案往往不能吻合,加上纸张的伸缩,对印偏离更大;加上对印图案上下错位,图案间距宽窄不一或叠压等。

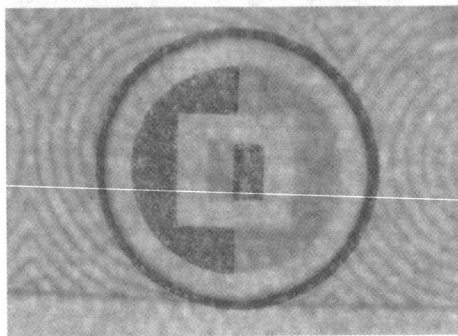

图2.8　互背互补对印

6)胶印缩微文字

真钞左上角紫外光下显现出一矩形框"100/50/20/10/5"字样,发出强亮的橘黄色荧光。假钞在紫外光下,同样在上述真钞部位有荧光反应,但颜色浓度、荧光强度均相差甚远,暗淡无色。如果发现钞票荧光有异,应与真币进行对比,辨别真伪。

7）光迹油墨面额数字

新钞正面左下角在号码下面有一"100/50/20/10"字样,是用光变油墨印制的（新版5元纸无此设计）,正常视角观察为草绿色,直视或平视都呈现蓝黑色。视角改变过程中色彩渐变,如图 2.9 和图 2.10 所示。假钞制作时,由于无法得到这种特别的光变油墨,只得用草绿色油墨印刷 100/50/20/10 字样,不会变色。

图 2.9　光变油墨一

图 2.10　光变油墨二

8）隐形面额数字

新钞右上角在"100/50/20/10/5"字样下端团花装饰内有"100/50/20/10/5"字样隐形数字,从右端横向平视钞票时清晰可见,字样系由规律性线条组成,用雕刻凹印印刷,直视或平视时产生不同视觉效应,如图 2.11 所示。凭此一点也完全可以判断钞票的真伪。如果平视时没有看到"100/50/20/10/5"隐形字样的钞票,一定是假钞。

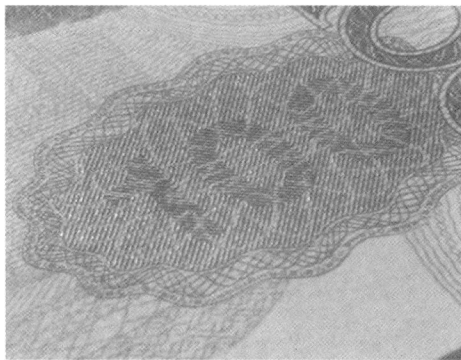

图 2.11　隐形数字

9）双色异形横号码

真钞的号码是计量数字,绝对没有重复号码,而且字型工整、标准,墨量、颜色、压力均匀一致,质量好,如图 2.12 和图 2.13 所示。100 元、20 元、10 元和 5 元券采用了双色横号码,号码的左侧部分为红色,右侧部分为黑色。真钞正面左下角采用双色横号码（2 位冠字、8 位号码）,具有磁性,可用机器辅助鉴别（新版 5 元纸币没有这种设计)。假钞双色横号码无磁性,但往往制作假钞时会在该部位涂上磁粉以欺骗机器。因此有磁性的纸币并不代表一定为真币,但无磁性的纸币一定为假币。

真钞号码是由凸印印刷,号码部位的背面有压痕。假钞号码的特点是:号码数字大多相同;字型不标准;颜色深浅不一致;由于是平印印刷,背面无压力痕迹。

图 2.12 号码一

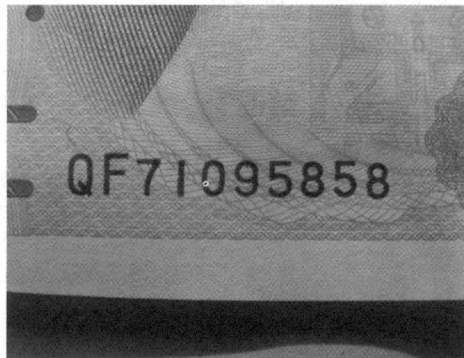

图 2.13 号码二

【练一练】

请老师准备若干 100 元面值人民币,真币与假币混在一起,组织学生分组鉴别。

任务 3 点钞技能

2.3.1 人工点钞法

1)点钞基本要领

出纳人员在办理现金的收付和整点时,要做到准、快、好。"准",就是钞券清点不错不乱,正确无误。"快",是指在准的前提下,加快点钞速度,提高工作效率。"好",就是清点的钞券要符合"五好钱捆的要求"。"准"是做好现金收付和整点工作的基础和前提,"快"和"好"是银行加速货币流通、提高服务质量的必要条件。学习点钞,首先要把握基本要领。基本要领对于哪一种方法都适用。点钞基本要求大致可概括为以下几点:

(1)肌肉要放松

点钞时,两手各部位的肌肉要放松。肌肉放松,能够使双手活动自如,动作协调,并减轻劳动强度;否则,会使手指僵硬,动作不正确,影响点钞速度,消耗体力。正确的姿势是:肌肉放松,双肘自然放在桌面上,持票的左手手腕接触桌面,右手腕稍抬起。

（2）钞券要墩齐

需清点的钞券必须清理整洁、平直。这是点钞的前提,钞券不齐不易点准。对折角、弯折、揉搓过的钞券要将其弄直、抹平,明显破裂、质软的票子要先挑出来。清理好后,将钞券在桌面上墩齐。

（3）开扇要均匀

钞券清点前,都要将票面打开成扇形,并使钞券有一个坡度,便于捻动。开扇均匀是指每张钞券的间隔距离必须一致,使之在捻钞过程中不易夹张。因此,扇面开得是否均匀,决定着点钞是否正确。

（4）手指触面要小

手工点钞时,捻钞的手指和票子的接触面要小。如果手指接触面大,手指往返动作的幅度随之增大,从而使手指频率减慢,影响点钞速度。

（5）动作要连贯

点钞时各个动作之间相互连贯是加快点钞速度的必要条件之一。动作要连贯包括两方面的要求:一是指点钞过程的各个环节必须紧张协调,环环扣紧。如点完100张墩齐钞券后,左手持票,右手取腰条纸,同时左手的钞券跟上去,迅速扎好小把;在右手放票的同时,左手取另一把钞券预备清点,而右手顺手沾水清点,等等。这样使扎把和持票及清点各环节紧密地衔接起来。二是指清点时的各个动作要连贯,即第一组动作和第二组动作之间,要尽量缩短和不留空隙时间,当第一组的最后一个动作马上完毕时,第二组动作的连续性,比如用手持式四指拨动点钞法清点时,当第一组的食指捻下第四张钞券时,第二组动作的小指要迅速跟上,不留空隙。这就要求在清点时双手动作要协调,清点动作要均匀,切忌忽快忽慢、忽多忽少。另外,在清点中尽量减少不必要的小动作、假动作,以免影响动作的连贯性和点钞速度。

（6）点数要协调

点和数是点钞过程的两个重要方面,这两个方面要相互配合,协调一致。点的速度快,记数跟不上,或点的速度慢,记数过快,都会造成点钞不正确,甚至造成差错,给国家财产带来损失。所以点和数两者必须一致,这是点准的前提条件之一。为了使两者紧密结合,记数通常采用分组法。单指单张以十为一组记数,多指多张以清点的张数为一组记数,使点和数的速度能基本吻合。同时记数通常要用脑子记,尽量避免用口数。

2）点钞的基本环节

点钞是一个以拆把开始到扎把为止这样一个连续、完整的过程。它一般包括拆把、持钞、清点、记数、挑残破票、墩齐、扎把、盖章等环节。要加速点钞速度,提高点钞水平,必须把各个环节的工作做好。

（1）拆把

成把清点时,首先需将腰条纸拆下。拆把时可将腰条纸脱下,保持其原状,也可将腰条纸用手指勾断。通常初点时采用脱下腰条纸的方法,以便复点时发觉差错进行查找,复点时一般将腰条纸勾断。拆把的方法有两种:

第一种:钞票横执,正面朝向身体,持票时左手拇指在钞票的正面左端中心,约占全票的1/4处,食指和中指在票背面,和拇指捏住钞票,无名指和小指自然弯曲;捏住钞票后,无名指和小指伸向票前压住钞票的左下方,中指弯曲稍用力,和无名指、小指卡紧钞票,食指伸直,拇指向上移动,按住钞票的侧面,将钞票压成瓦形;右手脱下钞票上的纸条,这时,左手将钞票往桌面上擦过,将钞票向上翻起,拇指借用桌面的摩擦力趁势将钞票展成微开的扇面,右手3个指头沾水,做点钞预备。这种方法不撕断捆钞票的纸条,便于查看图章和继续使用。

第二种:钞票横执,正面朝向身体,持票时,左手的指法和第一种相同,但是拇指捏票的位置稍向前,约占票面的1/3处;捏起以后,无名指和小指伸向票前,压住钞票的左下方,中指在票后面弯曲,稍用力向外推,把钞票压成一个向上倾斜的瓦形后,用食指向前伸,勾断纸条,抬起食指使纸条自然落下,再用左手拇指向外推,翻起钞票成微形扇面;右手的拇指、食指和中指蘸水做点钞预备。这种方法可以让左右手同时操作,效率快。

（2）持钞

持钞的速度的快慢、姿势是否正确,也会影响点钞速度。要注重每一种点钞方法的持钞方法。对于手工点钞,根据持票姿势不同,又可划分为手持式点钞方法和手按式点钞方法。手按式点钞方法,是将钞票放在台面上操作;手持式点钞方法是在手按式点钞方法的基础上发展而来的,其速度远比手按式点钞方法快,因此,手持式点钞方法在全国各地应用比较普遍。手持式点钞方法,根据指法不同又可分为:单指单张、单指多张、多指多张、扇面式点钞等4种。

①手持式单指单张点钞法。用一个手指一次点一张的方法叫单指单张点钞法。这种方法是点钞中最基本也是最常用的一种方法,使用范围较广,频率较高,适用于收款、付款和整点各种新旧大小钞票。这种点钞方法由于持票面小,

能看到票面的3/4,容易发现假钞票及残破票,缺点是点一张记一个数,比较费力。

②手持式单指多张点钞法。点钞时,一指同时点两张或两张以上的方法叫单指多张点钞法。它适用于收款、付款和各种券别的整点工作。点钞时记数简单省力,效率高。但也有缺点,就是在一指捻几张时,由于不能看到中间几张的全部票面,因此假钞和残破票不易发现。这种点钞法除了记数和清点外,其他均与单指单张点钞法相同。

③手持式多指多张点钞法。多指多张点钞法是指:点钞时用小指、无名指、中指、食指依次捻下一张钞票,一次清点四张钞票的方法,也叫四指四张点钞法。这种点钞法适用于收款、付款和整点工作,该法不仅省力、省脑,而且效率高,能够逐张识别假钞票和剔出残破钞票。

④扇面式点钞法。把钞票捻成扇面状进行清点的方法叫扇面式点钞法。这种点钞方法速度快,是手工点钞中□□□□□□适合清点新票币,不适于清点新、旧、破混合钞票。

（3）清点

清点是点钞的要害环节。□□□□□□□□直接关系到点钞的正确和速度。因此,要勤学苦练清□□□□□□准。在清点过程中,还需将损伤券按规定标准剔出,以□□□□□□钞券中夹杂着其他版面的钞券,应将其挑出。在点钞过程中如发觉差错,应将差错情况记录在原腰条纸上,并把原腰条纸放在钞券上面一起扎把,不得将其扔掉,以便事后查明原因,另作处理。

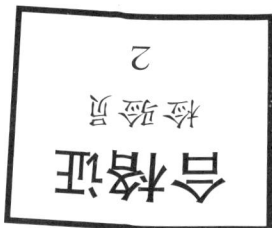

（4）记数

记数也是点钞的基本环节,和清点相辅相成。在清点正确的基础上,必须做到记数正确。

（5）**挑残破票**

在清点过程中,如发觉残破券应按剔旧标准将其挑出。为了不影响点钞速度,点钞时不要急于抽出残破券,只要用右手中指、无名指夹住残破券将其折向外边,待点完100张后再将残破券补上完整券。

（6）墩齐

钞券清点完毕扎把前,先要将钞券墩齐,以便扎把保持钞券外观整洁美观。钞券墩齐要求四条边水平,不露头或不呈梯形错开,卷角应拉平。墩齐时,双手松拢,先将钞券竖起来,双手将钞券捏成瓦形在桌面上墩齐,然后将钞券横立并将其捏成瓦形在桌面上墩齐。

（7）扎把

每把钞券清点完毕后，要扎好腰条纸。腰条纸要求扎在钞券的 1/2 处，左右偏差不得超过 2 厘米。同时要求扎紧，以提起第一张钞券不被抽出为准。通常是 100 张捆扎成一把，分为缠绕式和扭结式两种方法。

①缠绕式。临柜收款采用此种方法，需使用牛皮纸腰条，其具体操作方法介绍如下：

a. 将点过的钞券 100 张墩齐。

b. 左手从长的方向拦腰握着钞券，使之成为瓦状（瓦状的幅度影响扎钞的松紧，在捆扎中幅度不能变）。

c. 右手握着腰条头将其从钞券的长的方向夹入钞券的中间（离一端 1/3 ~ 1/4 处），从凹面开始绕钞券两圈。

d. 在翻到钞券原起点转角处将腰条向右折叠 90°，将腰条头绕捆在钞券的膘条转两圈打结。

e. 整理钞券。

②扭结式。考核、比赛采用此种方法，需使用绵纸腰条，其具体操作方法介绍如下：

a. 将点过的钞券 100 张墩齐。

b. 左手握钞券，使之成为瓦状。

c. 右手将腰条在钞券凸面放置，将两腰条头绕到凹面，左手食指、拇指分别按住腰条与钞券厚度交界处。

d. 右手拇指、食指夹住其中一端腰条头，中指、无名指夹住另一端腰条头，并合在一起，右手顺时针转 180°，左手逆时针转 180°，将拇指和食指夹住的那一头从腰条与钞券之间绕过、打结。

e. 整理钞券。

（8）盖章

盖章是点钞过程的最后一环，在腰条纸上加盖点钞员名章，表示对此把钞券的质量、数量负责，所以每个出纳员点钞后均要盖章，而且图章要盖得清楚，以看得清行号、姓名为准。

3）人工点钞举例

（1）手持式单指单张点钞法

①拆把。把待点的成把钞券的封条拆掉,如图2.14所示。

图2.14　拆把

②持钞。左手横执钞券,下面朝向身体,左手拇指在钞券正面左端约1/4处,食指与中指在钞券背面与拇指同时捏住钞券,无名指与小指自然弯曲并伸向票前左下方,与中指夹紧钞券,食指伸直,拇指向上移动,按住钞券侧面,将钞券压成瓦形,左手将钞券从桌面上擦过,拇指顺势将钞券向上翻成微开的扇形,同时,右手拇指、食指作点钞准备,如图2.15所示。

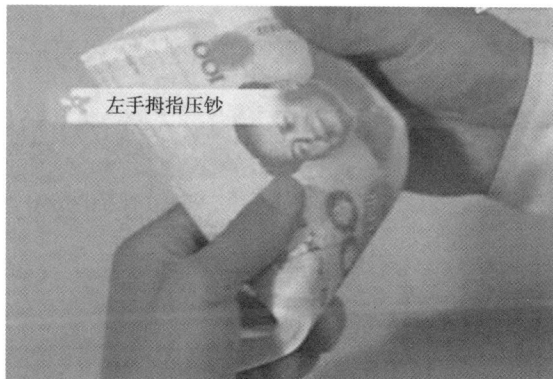

左手拇指压钞

图2.15　持钞

③清点。左手持钞并形成瓦形后,右手食指托住钞券背面右上角,用拇指尖逐张向下捻动钞券右上角,捻动幅度要小,不要抬得过高。要轻捻,食指在钞券背面的右端配合拇指捻动,左手拇指按捏钞券不要过紧,要配合右手起自然助推的作

用。右手的无名指将捻起的钞券向怀里弹,要注意轻点快弹,如图2.16所示。

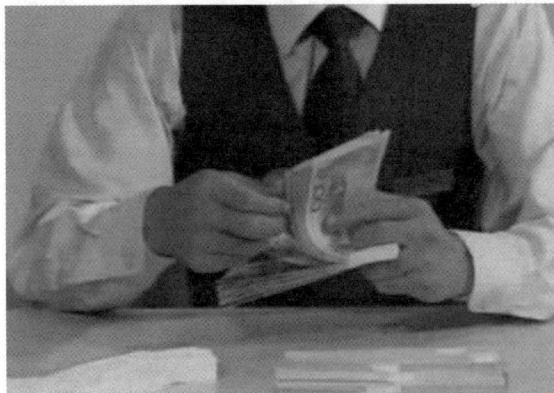

图2.16 清点

④记数。记数与清点同时进行。在点数速度快的情况下,往往由于记数迟缓而影响点钞的效率,因此记数应该采用分组记数法。把10作1记,即1,2,3,4,5,6,7,8,9,1(即10);1,2,3,4,5,6,7,8,9,2(即20);以此类推,数到1,2,3,4,5,6,7,8,9,10(即100)。采用这种记数法记数既简单又快捷,省力又好记。但记数时要默记,不要念出声,做到脑、眼、手密切配合,既准又快。

⑤挑残破票。在清点过程中,如发觉残破券应按旧标准将其挑出。为了不影响点钞速度,点钞时不要急于抽出残破券,只要用右手中指、无名指夹住残破券将其折向外边,待点完100张后再将残破券补上完整券。

⑥墩齐扎把。把点准的一百张钞券墩齐,用腰条扎紧。腰条纸要求扎在钞券的1/2处,左右偏差不得超过2厘米。同时要求扎紧,以提起第一张钞券不被抽出为准,如图2.17和图2.18所示。

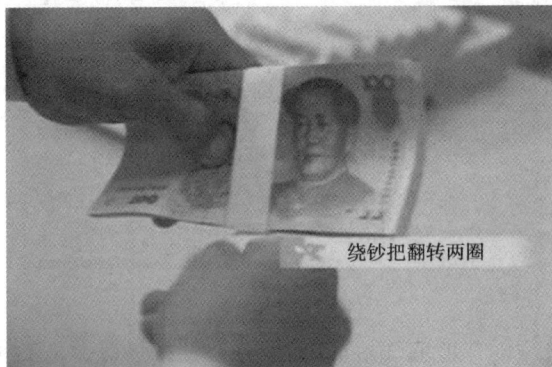

绕钞把翻转两圈

图2.17 墩齐扎把一

图 2.18 墩齐扎把二

⑦盖章。在扎好的钞券的腰条上加盖经办人名章,以明确责任,如图 2.19 所示。

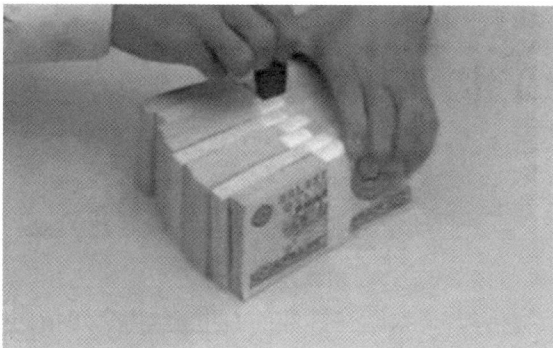

图 2.19 盖章

(2)单指多张点钞法

点钞时,一指同时点两张或两张以上的方法叫单指多张点钞法。它适用于收款、付款和各种券别的整点工作。点钞时记数简单省力,效率高。但也有缺点,就是在一指捻几张时,由于不能看到中间几张的全部票面,因此假钞和残破票不易发现。这种点钞法除了清点和记数外,其他均与单指单张点钞法相同。

①清点。清点时,右手食指放在钞券背面右上角,拇指肚放在正面右上角,拇指尖超出票面,用拇指肚先捻钞。单指双张点钞法,拇指肚先捻第一张,拇指尖捻第二张。单指多张点钞法,拇指用力要均衡,捻的幅度不要太大,食指、中指在票后面配合捻动,拇指捻张,无名指向怀里弹。在右手拇指往下捻动的同时,左手拇指稍抬,使票面拱起,从侧边分层错开,便于看清张数,左手拇指往下拨钞券,右手拇指抬起让钞券下落,左手拇指在拨钞的同时下按其余钞券,左右两手拇指一起一落协调动作,如此循环,直至点完。

②记数。采用分组记数法。如:点双数,两张为一组记一个数,50 组就是 100 张。

（3）多指多张点钞法

①持票。用左手持钞，中指在前，食指、无名指、小指在后，将钞券夹紧，四指同时弯曲将钞券轻压成瓦形，拇指在钞券的右上角外面，将钞券推成小扇面，然后手腕向里转，使钞券的右里角抬起，右手五指准备清点，如图2.20所示。

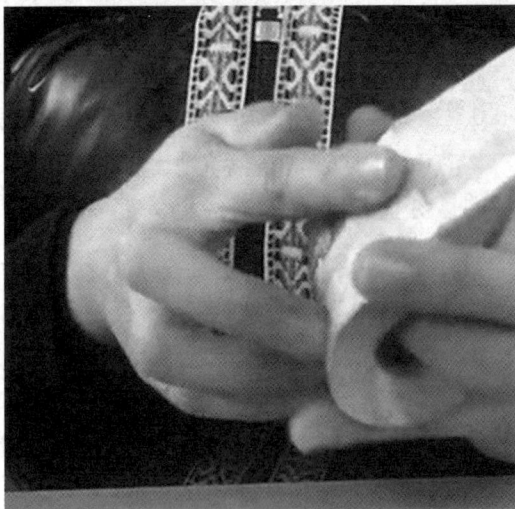

图2.20 持票

②清点。右手腕抬起，拇指贴在钞券的右里角，其余四指同时弯曲并拢，从小指开始每指捻动一张钞券，依次下滑四个手指，每一次下滑动作捻下四张钞券，循环操作，直至点完100张，如图2.21和图2.22所示。

图2.21 清点一

图2.22 清点二

③记数。采用分组记数法，每次点四张为一组，记满25组为100张。

（4）扇面式点钞法

把钞券捻成扇面状进行清点的方法叫扇面式点钞法。这种点钞方法速度快，是手工点钞中效率最高的一种。但它只适合清点新票币，不适于清点新、旧、破混合钞券。

①持钞。钞券竖拿，左手拇指在票前下部中间票面约1/4处。食指、中指在票后同拇指一起捏住钞券，无名指和小指拳向手心。右手拇指在左手拇指的上端，用虎口从右侧卡住钞券成瓦形，食指、中指、无名指、小指均横在钞券背面，做开扇准备，如图2.23所示。

图2.23　持钞

②开扇。开扇是扇面式点钞的一个重要环节，扇面要开得均匀，为点数打好基础，做好准备。其方法是：以左手为轴，右手食指将钞券向胸前左下方压弯，然后再猛向右方闪动，同时右手拇指在票前向左上方推动钞券，食指、中指在票后面用力向右捻动，左手手指在钞券原位置向逆时针方向画弧捻动，食指、中指在票后面用力向左上方捻动，右手手指逐步向下移动，至右下角时即可将钞券推成扇面形。如有不均匀的地方，可双手持钞抖动，使其均匀。打扇面时，左右两手一定要配合协调，不要将钞券捏得过紧，如果点钞时采取一按十张的方法，扇面要开小些，便于点清，如图2.24至图2.26所示。

图2.24　开扇一

图2.25　开扇二

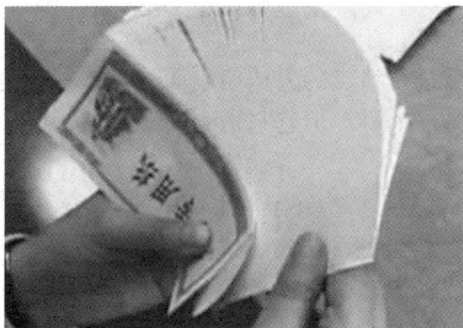

图 2.26　开扇三

③点数。左手持扇面，右手中指、无名指、小指托住钞券背面，拇指在钞券右上角 1 厘米处，一次按下五张或十张；按下后用食指压住，拇指继续向前按第二次，以此类推，同时左手应随右手点数速度向内转动扇面，以迎合右手按动，直到点完 100 张为止，如图 2.27 和图 2.28 所示。

图 2.27　点数一

图 2.28　点数二

④记数。采用分组记数法。一次按 5 张为一组，记满 20 组为 100 张；一次按 10 张为一组，记满 10 组为 100 张。

⑤合扇。清点完毕合扇时，将左手向右倒，右手托住钞券右侧向左合拢，左右手指向中间一起用力，使钞券竖立在桌面上，两手松拢轻墩，把钞券墩齐，准备扎把，如图 2.29 所示。

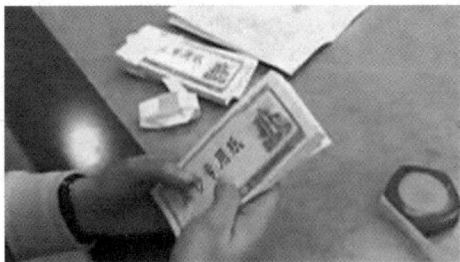

图 2.29　合扇

【练一练】

请老师准备若干100元面值人民币,真币与假币混在一起,组织学生分组采用几种不同的手工点钞方法进行点钞。

2.3.2　点钞机的使用

机器点钞速度较快,在点钞的同时还能检验钞票的真伪,有利于提高出纳的工作效率。但是,点钞机存在一定的局限性,因此机器点钞一般多用于钞票的复点。

点钞机的种类和型号有很多种,但其功能主要都是点钞和鉴伪,在点钞过程中,检测到假钞时机器将发出警报声。点钞机一般在电源开关打开时,便具有点钞和紫光验钞的功能,其他功能需要按相应功能键方可完成。

点钞机(图2.30)基本功能键包括:

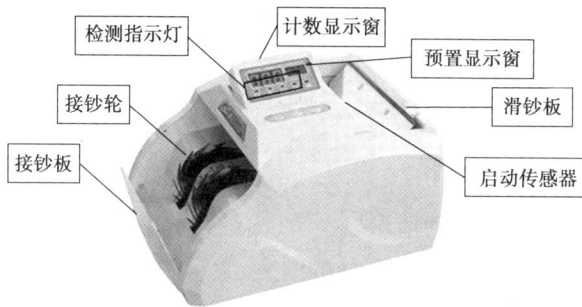

图2.30　点钞机

①启动键:当停机需要再运行或使用手动键时,按动此键。

②清零键:当需要清除当前计数值,即回到"0"重新计数时,按动此键。

③光检键(或光检指示灯):按动此键(或光检指示灯亮),可以清点任何不同面值无紫光反应的钞票。一般情况下,开启机器时紫光鉴伪也同时具备,无须设置。

④磁检键(或磁检指示灯):按动此键(或磁检指示灯亮),能混点不同面值有磁性反应的钞票。

⑤数码键(或数码指示灯):按动此键(或数码指示灯亮),第四套人民币和第五套人民币不能混点,第四套人民币100元和50元可以混点,第五套人民币50元、20元、10元、5元可以混点。

⑥累加键:累加功能可连续累计点数的总值,直至数值显示"9 999"张后,即回到"0"重新计数。

⑦预置键:按动此键,预置显示窗将会依次显示为10、20、25、50、100、空白等字样,再按动"＋"或"－"键设置你理想的数字,设置完毕就可以进行票面的清点,要取消预置数可直接按动此键。

2.3.3 破损人民币的处理

1)破损人民币的认定

破损人民币是指人民币在流通中因自然磨损、保管不善或其他原因引起的,损坏了其票面完整性的票币。出纳人员在日常工作中应挑出如下破损人民币:

①行名、花边、字头、号码、国徽等有破损的。

②票面裂口超过1/3或损及花边、图案的。

③票面纸质较旧,四周或中间有裂缝,或断开而粘补的。

④票面脏污面积较大或涂写痕迹过多,妨碍票面整洁的。

⑤票面变色,严重影响图案清晰的。

⑥硬币残缺、穿孔、变形、磨损、氧化损坏花纹的。

2)处理破损、残缺人民币

①凡残缺人民币属于下列情形之一者,出纳人员可向中国人民银行全额兑换:

a.票面残缺不超过1/5,剩余部分的图案、文字完好的。

b.票面污损、熏焦、水浸、变色,但能识别真假,票面完整或残缺不超过1/5,票面其余部分的图案、文字能照原样连接的。

②票面残缺1/5～1/2,其余部分的图案文字能照原样连接的,可向中国人民银行按原面额半额兑换,但不得流通使用。

③凡残缺人民币属于下列情况之一者,银行不予兑换,因此,出纳人员在工作中应重点注意以下情况:

a.票面残缺1/2以上的。

b.票面污损、熏焦、水浸、油浸、变色,不能辨别真假的。

c.故意挖补、涂改、剪贴、拼凑,揭去一面的。

④对于不予兑换的人民币,一般作如下处理:

a.不予兑换的残缺人民币由中国人民银行打洞作废,不得流通使用。

b.不予兑换的破损人民币由银行加盖"作废"戳记或打洞作废,不得流通使用。

c.出纳人员可向银行申请退还给本企业不予兑换的票券或硬币。

【练一练】

教师准备若干台验钞机和真假人民币,组织学生尝试机器验钞操作。

任务 4　保险柜的使用

2.4.1　保险柜的管理

保险柜一般由财务处(科)长授权,由出纳员负责管理使用。

2.4.2　配备保险柜钥匙

①保险柜要配备两把钥匙:一把由出纳人员保管,供出纳人员日常工作开启使用;另一把由保卫部门封存,或由企业财务处(科)长负责保管,以备特殊情况下经有关领导批准后开启使用。

②出纳人员不能将保险柜钥匙交由他人代管。

2.4.3　开启保险柜

①保险柜只能由出纳人员开启使用,非出纳人员不得开启保险柜。

②如果企业财务处(科)长需要对出纳人员工作进行检查,如检查库存现金限额,核对实际库存现金数额等特殊情况需要开启保险柜时,应按规定的程序由财务处(科)长开启,在一般情况下,不得任意开启由出纳人员掌管的保险柜。

2.4.4　保管保险柜财物

①每日终了,出纳人员应将其使用的空白支票、收据、印章等放入保险柜内。

②保险柜内存放的现金应设置和登记现金日记账,其他有价证券、存折、票据等应按种类造册登记,贵重物品按种类设置备查簿登记其质量、金额等,所有财务应与账簿记录相符。

③保险柜内不得存放私人财务。

2.4.5　使用保险柜密码

①出纳人员应将自己保管使用的保险柜密码严格保密,不得向他人泄露。

②出纳人员调动岗位,新任出纳人员应更换密码。

2.4.6　维护保险柜

①保险柜应放置在隐蔽、干燥之处,注意通风、防湿、防潮、防虫和防鼠。

②保险柜外要经常擦抹干净,保险柜内财物应保持整洁、存放整齐。

③一旦保险柜发生故障,应到公安机关指定的维修点进行修理,以防止泄密或失盗。

2.4.7　处理保险柜被盗

发现保险柜被盗时,出纳人员应作如下处理:

①出纳人员发现保险柜被盗后应保护好现场,迅速报告公安机关或保卫部门,待公安机关勘查现场时才能清理财务被盗情况。

②节假日满两天以上或出纳人员离开两天以上没有派人代其工作的,应在保险柜锁孔处贴上封条,出纳人员到位工作时揭封,如发现封条被撕或锁孔处被弄坏,应迅速向公安机关或保卫部门报告。

项目 3
会计凭证管理

学习目标

◇掌握原始凭证的填制与审核。

◇掌握记账凭证的填制与审核。

任务1　原始凭证的填制与审核

3.1.1　原始凭证定义

原始凭证,也称单据,是在经济业务发生或完成时取得或填制的,用以记录或证明经济业务的发生或完成情况的文字凭据。它不仅能用来记录经济业务发生或完成情况,还可以明确经济责任,是进行会计核算工作的原始资料和重要依据,是会计资料中最具有法律效力的一种文件。原始凭证如图3.1所示。

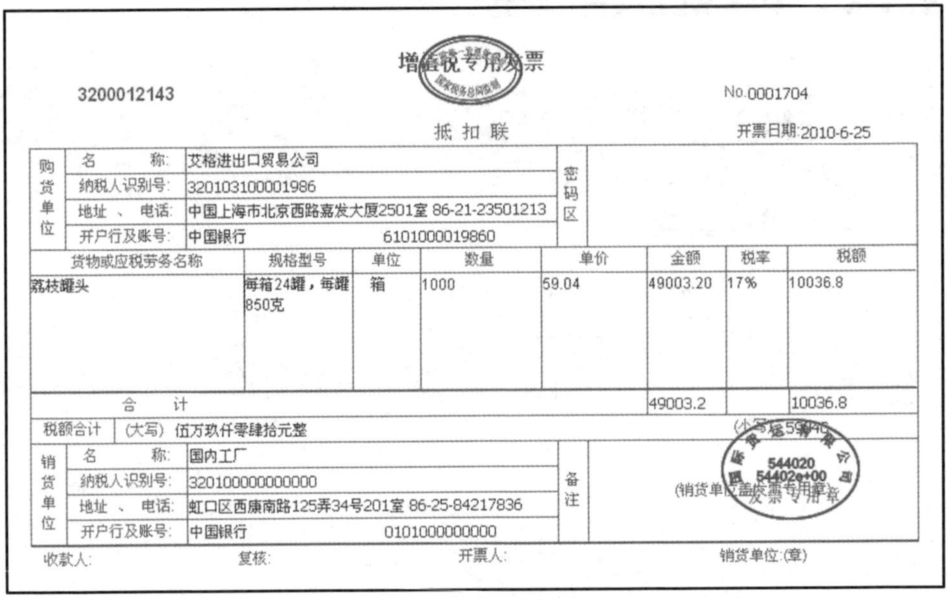

增值税专用发票

3200012143　　　　No.0001704

抵扣联　　　　开票日期:2010-6-25

购货单位	名　　称:	艾格进出口贸易公司	密码区
	纳税人识别号:	320103100001986	
	地址、电话:	中国上海市北京西路嘉发大厦2501室 86-21-23501213	
	开户行及账号:	中国银行　6101000019860	

货物或应税劳务名称	规格型号	单位	数量	单价	金额	税率	税额
荔枝罐头	每箱24罐,每罐850克	箱	1000	59.04	49003.20	17%	10036.8
合　计					49003.2		10036.8
税额合计	(大写)伍万玖仟零肆拾元整				(小写)59040		

销货单位	名　　称:	国内工厂	备注 (销货单位盖发票专用章)
	纳税人识别号:	320100000000000	
	地址、电话:	虹口区西康南路125弄34号201室 86-25-84217836	
	开户行及账号:	中国银行　0101000000000	

收款人:　　复核:　　开票人:　　销货单位:(章)

图3.1　增值税专用发票样式

3.1.2　原始凭证的填制要素

原始凭证(表3.1)的填制要素,主要包括以下7个方面:

①原始凭证名称。

②填制凭证的日期和编号。

③填制凭证单位名称或者填制人姓名。

④对外凭证要有接受凭证单位的名称。

⑤经济业务所涉及的数量、计量单位、单价和金额。

⑥经济业务的内容摘要。

⑦经办业务部门或人员的签章。

表 3.1　普通发票空白样式

重庆市商业零售统一发票

发票联　　NO：00539

客户名称：　　　年　　月　　日

货号	品名及规格	单位	数量	单价	金额						
					万	千	百	十	元	角	分
合计金额（大写）											
付款方式			开户银行及账号								
收款企业：　　　　收款人：　　　　开票人：											

3.1.3　原始凭证的审核

为了保证会计记录的合法性、真实性、准确性,发挥会计的监督作用,会计人员必须对原始凭证进行严格的审查和核实。只有经审核无误的原始凭证,才能作为编制记账凭证和登记账簿的依据。审核原始凭证是会计核算工作中必不可少的环节。

原始凭证审核的内容：

①真实性,是指审核原始凭证是否与实际发生的经济业务相一致。

②合法性,是指审核原始凭证记载的内容是否合法,原始凭证所反映的经济业务是否合法。

③正确性,是指审核原始凭证摘要和数字是否填写清楚,计算有无错误,大小金额是否相符,有无涂改行为等。

④完整性,是指审核原始凭证填写的内容是否齐全,手续是否完备,有关签章是否完整。

在审核中,对于不真实、不合理的原始凭证,应不予受理;对记载不准确、不完整的原始凭证,应予以退回,要求更正、补充。

任务2 记账凭证的填制与审核

3.2.1 记账凭证的定义

记账凭证,是指财会部门根据审核确认无误的原始凭证或原始凭证汇总表编制、记载经济业务的简要内容,确认会计分录,作为记账直接依据的一种会计凭证。记账凭证种类甚多,格式不一,但其主要作用都在于对原始凭证进行分类、整理,按照复式记账的要求,运用会计科目,编制会计分录,据以登记账簿。

在实际工作中,为了便于登记账簿,需要将来自不同的单位、种类繁多、数量庞大、格式大小不一的原始凭证加以归类、整理,填制具有统一格式的记账凭证,确定会计分录并将相关的原始凭证附在记账凭证后面。

3.2.2 记账凭证的填制要素

作为登记账簿直接依据的记账凭证(表3.2),虽然种类不同,格式各异,但一般要具备以下的基本要素:

表3.2 记账凭证空白样式

年 月 日 第 ×× 号

摘　要	会计科目		借方金额	贷方金额
	总账科目	明细科目		
合计:				

会计主管:　　　　　出纳:　　　　　审核:　　　　　制单:

①记账凭证的名称,如"收款凭证""付款凭证""转账凭证"等。

②记账凭证的填制日期,一般用年、月、日表示,要注意的是记账凭证的填制日期不一定就是经济业务发生的日期。

③记账凭证的编号。

④经济业务的内容摘要,由于记账凭证是对原始凭证直接处理的结果,因此,只需将原始凭证上的内容简明扼要地在记账凭证中予以说明即可。

⑤经济业务所涉及的会计科目及金额,这是记账凭证中所要反映的主要内容。

⑥所附原始凭证的张数,以便日后查证。

⑦有关人员的签字盖章,通过这一步骤,一方面能够明确各自的责任;另一方面又有利于防止在记账过程中出现的某些差错,从而在一定程度上保证了会计信息系统最终所输出会计信息的真实、可靠。

3.2.3　记账凭证填制的特殊要求

在填制记账凭证时,必须做到格式统一、内容完整、编制及时、会计科目运用正确之外,还要符合以下几项特殊要求:

1)必须根据审核无误的原始凭证填制记账凭证

除填制更正错账、编制结账分录和按权责发生制要求编制的调整分录的记账凭证可以不附原始凭证以外,其余的记账凭证一般都应该附有原始凭证,同时,还应在记账凭证中注明所附原始凭证的张数,以便日后查阅。如果一张原始凭证同时涉及几张记账凭证,应将其附在一张主要的记账凭证的后面,并在其他原始凭证中予以说明。

2)必须采用科学的方法对记账凭证进行编号

编号的目的是为了分清记账凭证的先后顺序,便于登记账簿和日后记账凭证与会计账簿之间的核对,并防止散失。每月末最后一张记账凭证的编号旁边要加注"全"字,以免凭证散失。

3)必须对记账凭证进行复核与检查

记账凭证填制完毕,应进行复核与检查,并按所使用的方法进行试算平衡。实行会计电算化的企业单位,其机制记账凭证应当符合记账凭证的一般要求。无论是印刷的记账凭证,还是机制记账凭证,都要加盖制单人员、审核人员、记账人员、会计机构负责人等的印章或签字,以明确各自的责任。

特别提示

在采用专用记账凭证的企业中,对于从银行提取现金或将现金存入银行等货币资金内部相互划转的经济业务,为了避免重复记账,按照惯例一般只编制付款凭证,不编制收款凭证。即从银行提取现金,只编制银行存款的付款凭证;将现金存入银行,只编制现金的付款凭证;在同一项经济业务中,如果既有现金或银行存款的收付内容,又有转账内容时,应分别填制收、付款凭证和转账凭证。

3.2.4 记账凭证的审核

为了正确登记账簿和监督经济业务,除了在记账凭证的编制过程中,有关人员应认真负责、正确填制、加强自审之外,还要对记账凭证建立综合审核制度。记账凭证审核的主要内容有:

①记账凭证内容与所附原始凭证内容是否相符;记账凭证上填写的附件张数与实际原始凭证张数是否相符。

②会计科目的应用是否正确;二级或明细科目是否齐全;会计科目的对应关系是否清晰;金额的计算是否正确。

③内容摘要的填写是否清楚,是否正确归纳了经济业务的实际内容;记账凭证中有关项目是否填列齐全;有关人员是否签字或盖章等。

严格地说,记账凭证的审核同原始凭证一样,共同组成会计确认的一个环节,都是在会计账簿上正式加以记录之前的必要步骤。在记账凭证的审核过程中,如果发现差错,应查明原因,按照规定的办法及时处理和更正。只有经过审核无误的记账凭证,才能作为登记账簿的直接依据。

项目 4
账簿的管理

学习目标

◇了解账簿的启用过程。

◇了解日记账的概述。

◇掌握现金日记账的设置与登记。

◇掌握银行存款日记账的设置与登记。

◇了解日记账的对账与结转。

任务 1 账簿的启用与日记账概述

4.1.1 账簿的启用

1)填写账簿封面

①单位名称:如"重庆市大发有限责任公司"。

②账簿名称:如"现金日记账"。

如果企业订本式日记账账本封面内容已印制完成,可不用再行填写。

2)填写扉页"账簿启用表"(表4.1)

表4.1 账簿启用表

单位名称	重庆市大发有限责任公司				单位公章
账簿名称	现金日记账				
账簿编号	06—1				
账簿页数	本账簿共计使用 200 页				
启用日期	2012 年 1 月 1 日				
截止日期	年 月 日				
责任者签章	出纳	审核	主管	部门领导	印花税票粘贴处
	张三	李四	王五	段六	
	张三	李四	王五	段六	
交接记录					
姓名	交接日期	交接签章	监交人员		
			职务	姓名	

①单位名称。

②账簿名称。

③账簿页数。

④启用日期。

⑤记账人员和会计机构负责人、会计主管人员姓名。

⑥加盖名章和公章。

⑦粘贴印花税票，并在印花税票上画两道线注销。

⑧出纳员工作交接时，应注明交接日期、接办人员和监交人员姓名，由交接双方签名盖章。

【例4.1】2013年1月1日，重庆市大发有限责任公司出纳员张三启用新的银行存款日记账账簿。账簿编号05—01，第1册，共200页。公司财务主管为王五。请教师预先备好相关公司财务章和印花税票样件。请学生填写账簿启用表（表4.2）。

表4.2　账簿启用表空白样式

单位名称	重庆市大发有限责任公司				单位公章
账簿名称					
账簿编号					
账簿页数	本账簿共计使用　　　　　页				
启用日期	年　　　月　　　日				
截止日期	年　　　月　　　日				
责任者签章	出纳	审核	主管	部门领导	印花税票粘贴处
交接记录					
姓名	交接日期		交接签章	监交人员	
				职务	姓名

4.1.2　日记账概述

日记账的主要作用是按照时间的先后顺序记录经济业务,以保持会计资料的完整性和连续性。进行日记账的设置工作,首先要确定其种类和数量。日记账在不同的会计核算组织形式下,其具体用途是不同的。如果日记账用作过账媒介(如通用日记账、日记总账核算组织形式),则要求设置一个严密完整的序时账簿体系,包括单位的所有经济业务;如果日记账不用作过账媒介,则不必考虑其体系的完整性,只需设置某些特种日记账即可。通常设置的特种日记账主要包括现金日记账和银行存款日记账,极少数单位还设置销货日记账和购货日记账。

现金日记账是用来逐日反映库存现金的收入、付出及结余情况的特种日记账。它是由单位出纳人员根据审核无误的现金收、付款凭证和从银行提现的银付凭证逐笔进行登记的。为了确保账簿的安全、完整,现金日记账必须采用订本式账簿。现金日记账既可用作明细账,也可用于过账媒介。

银行存款日记账是由出纳人员根据银行收款凭证、银行付款凭证和超过库存现金限额送存银行的现金付款凭证,按时间先后顺序逐日逐笔登记的账簿。其设计方法与现金日记账基本相同,一般应相应增加每笔存款收支业务所采用的结算方式一栏,以便分类提供数据和据以进行查对、汇总。一般单位也只设置三栏式的银行存款日记账。

特别提示

现金日记账和银行存款日记账必须采用订本式账簿,不得用银行对账单或者其他方法代替日记账。

任务2　现金日记账的设置与登记

4.2.1　现金日记账概述

现金日记账是各单位重要的经济档案之一,为保证账簿使用的合法性,明确经济责任,防止舞弊行为,保证账簿资料的完整和便于查找,各单位在启用时,首先要按规定内容逐项填写"账簿启用表"和"账簿目录表"。在账簿启用表中,应写明单位名称、账簿名称、账簿编号和启用日期;在经管人员一栏中写明经管人员姓名、职别、接管或移交日期,由会计主管人员签名盖章,并加盖单位公章。在一本日记账中设置有两个以上现金账户的,应在第二页"账户目录表"中注明各账户的名称和页码,以方便登记和查核。

4.2.2 现金日记账的设置

现金日记账是专门记录现金收付业务的特种日记账,它一般由出纳人员负责填写。在现金收付业务较多的企业,也可分别设置现金收入日记账和现金支出日记账,它们只能是单栏式的日记账;现金日记账还可设置成三栏式的日记账。除非企业现金收付业务特别繁多,一般情况下,只设置三栏式的现金日记账,如表4.3所示。

表4.3 现金日记账

2013年		记账凭证		摘要	对方科目	借方	贷方	借或贷	余额
月	日	字	号						

4.2.3 现金日记账的登记

现金日记账通常由出纳人员根据审核后的现金收、付款凭证,逐日逐笔顺序登记。登记现金日记账总的要求是:分工明确,专人负责,凭证齐全,内容完整,登记及时,账款相符,数字真实,表达准确,书写工整,摘要清楚,便于查阅,不重记,不漏记,不错记,按期结账;不拖延积压,按规定方法更正错账等。具体要求是:

1)根据复核无误的收、付款记账凭证记账

现金出纳人员在办理收、付款时,应当对收款凭证和付款凭证进行仔细的复

核,并以经过复核无误的收、付款记账凭证和其所附原始凭证作为登记现金日记账的依据。如果原始凭证上注明"代记账凭证"字样,经有关人员签章后,也可作为记账的依据。

2)所记载的内容必须同会计凭证相一致,不得随便增减

每一笔账都要记明记账凭证的日期、编号、摘要、金额和对应科目等。经济业务的摘要不能过于简略,应以能够清楚地表述业务内容为度,便于事后查对。日记账应逐笔分行记录,不得将收款凭证和付款凭证合并登记,也不得将收款付款相抵后以差额登记。登记完毕,应当逐项复核,复核无误后在记账凭证上的"账页"一栏内做出"过账"符号"√",表示已经登记入账。

3)逐笔、序时登记日记账,做到日清月结

为了及时掌握现金收、付和结余情况,现金日记账必须当日账务当日记录,并于当日结出余额;有些现金收、付业务频繁的单位,还应随时结出余额,以掌握收、支计划的执行情况。

4)必须连续登记,不得跳行、隔页,不得随便更换账页和撕去账页

现金日记账采用订本式账簿,其账页不得以任何理由撕去,作废的账页也应留在账簿中。在一个会计年度内,账簿尚未用完时,不得以任何借口更换账簿或重抄账页。记账时必须按页次、行次、位次顺序登记,不得跳行或隔页登记,如不慎发生跳行、隔页时,应在空页或空行中间画线加以注销,或注明"此行空白""此页空白"字样,并由记账人员盖章,以示负责。

5)文字和数字必须整洁清晰,准确无误

在登记书写时,不要滥造简化字,不得使用同音异义字,不得写异样字体;摘要文字紧靠左线;数字要写在金额栏内,不得越格错位、参差不齐;文字、数字字体大小适中,紧靠下线书写,上面要留有适当空距,一般应占格宽的1/2,以备按规定的方法改错。记录金额时,如金额为没有角与分的整数,应分别在角分栏内写上"0",不得省略不写,或以"—"号代替。阿拉伯数字一般可自左向右适当倾斜,以使账簿记录整齐、清晰。为防止字迹模糊,墨迹未干时不要翻动账页;夏天记账时,可在手臂下垫一块软质布或纸板等书写,以防汗浸。

6）使用钢笔，以蓝、黑色墨水书写

不得使用圆珠笔（银行复写账簿除外）或铅笔书写，但按照红字冲账凭证冲销错误记录及会计制度中规定用红字登记的业务可以用红色墨水记账。

7）每一账页记完后，必须按规定转页

为便于计算了解日记账中连续记录的累计数额，并使前后账页的合计数据相互衔接，在每一账页登记完毕结转下页时，应结出本页发生额合计数及余额，写在本页最后一行和下页第一行的有关栏内，并在摘要栏注明"过次页"和"承前页"字样；也可以在本页最后一行用铅笔字结出发生额合计数和余额，核对无误后，用蓝、黑色墨水在下页第一行写出上页的发生额合计数及余额，在摘要栏内写上"承前页"字样，不再在本页最后一行写"过次页"的发生额和余额。

8）现金日记账必须逐日结出余额，每月月末必须按规定结账

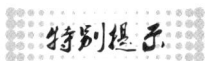

特别提示

为了提供在法律上有证明效力的核算资料，保证日记账的合法性，账簿记录发生错误时，不得随意涂改，严禁刮、擦、挖、补，或使用化学药物清除字迹。发现差错必须根据差错的具体情况采用画线更正、红字更正、补充登记等方法更正。

4.2.4　现金日记账的实训举例

重庆大发有限责任公司 12 月 31 日有关现金收付业务如下：

①开出现金支票，提取现金 42 000 元。凭证为银付字 124 号，会计分录为：

借：库存现金　　　　　　　　　　　　　　　　　　　42 000

　　贷：银行存款　　　　　　　　　　　　　　　　　　　42 000

②零售 A 产品 10 件，凭证为现收字 093 号，会计分录为：

借：库存现金　　　　　　　　　　　　　　　　　　　3 510

　　贷：主营业务收入　　　　　　　　　　　　　　　　　3 000

　　　　应交税费——应交增值税（销项税额）　　　　　　　510

③收到某单位租用设备租金 400 元，凭证为现收字 094 号，会计分录为：

借：库存现金　　　　　　　　　　　　　　　　　　　400

　　贷：其他业务收入　　　　　　　　　　　　　　　　　400

④发放工资 42 000 元,凭证为现付字 104 号,会计分录为:

借:应付职工薪酬   42 000

    贷:库存现金   42 000

⑤销售科领用备用金 400 元,凭证为现付字 105 号,会计分录为:

借:其他应收款——备用金(销售科)   400

    贷:库存现金   400

⑥出纳员张明赔前一天短款 40 元,凭证为现收字 095 号,会计分录为:

借:库存现金   40

    贷:其他应收款——现金短款   40

⑦收到某商品包装物押金 600 元,凭证为现收字 096 号,会计分录为:

借:库存现金   600

    贷:其他应付款——包装物押金   600

⑧收到职工李梅还回的借款 400 元,凭证号为现收字 097 号,会计分录为:

借:库存现金   400

    贷:其他应收款——职工借款(李梅)   400

⑨总务科张科报销差旅费,凭证为现付字 106 号,会计分录为:

借:销售费用   960

    贷:库存现金   960

⑩向银行送存现金业务收入 4 510 元,凭证为现付字 107 号,会计分录为:

借:银行存款   4 510

    贷:库存现金   4 510

根据上述会计凭证,分别登记现金日记账,如表4.4所示。

表4.4 现金日记账

2013 年		记账凭证		摘要	对方科目	借方	贷方	借或贷	余额
月	日	字	号						
12	31			承前页				借	1 200
12	31	银付	124	提取现金	银行存款	42 000		借	43 200
12	31	现收	093	销售产品	主营业务收入 应交税费	3 000 510		借	46 200 46 710
12	31	现收	094	收取设备租金	其他业务收入	400		借	47 110

2013 年		记账凭证		摘要	对方科目	借方	贷方	借或贷	余额
月	日	字	号						
12	31	现付	104	发放工资	应付职工薪酬		42 000	借	5 110
12	31	现付	105	销售科借款	其他应收款		400	借	4 710
12	31	现收	095	出纳赔款	其他应收款	40		借	4 750
12	31	现收	096	收押金	其他应付款	600		借	5 350
12	31	现收	097	李梅还款	其他应收款	400		借	5 750
12	31	现付	106	张科报差旅费	销售费用		960	借	4 790
12	31	现付	107	送存银行	银行存款		4 510	借	280
				本月合计		240 350	240 270	借	280
				本季合计		724 940	724 160	借	280
				本年合计		2 897 200	2 897 640		280
				年初余额		720			
				结转下年			280		
				合计		2 897 920	2 897 920		

任务 3 银行存款日记账的设置与登记

4.3.1 银行存款日记账概述

银行存款日记账也是各单位重要的经济档案之一,在启用账簿时,也应按有关规定和要求填写"账簿启用表",具体内容和要求可参照现金日记账的启用。

4.3.2 银行存款日记账的设置

银行存款日记账是用来记录银行存款收付业务的特种日记账。其设计方法与现金日记账基本相同,但须将账簿名称分别改为"银行存款收入日记账""银行存款付出日记账"和"银行存款日记账",并将前两种账页左上角的科目名称改为"银行存款"。而且一般应相应增加每笔存款收支业务所采用的结算方式一栏,以便分类提供数据和据以进行查对、汇总。一般企业也只设置三栏式的银行存款日记账,如表4.5所示。

表4.5　银行存款日记账

2013年		记账凭证		摘要	对方科目	借方	贷方	借或贷	余额
月	日	字	号						

4.3.3　银行存款日记账的登记

银行存款日记账通常也是由出纳员根据审核后的有关银行存款收、付款凭证,逐日逐笔顺序登记的。一般采用订本式账簿,账页采用"三栏式",即"收入"(借方)、"付出"(贷方)和"结存"三栏,其格式和登记方法与现金日记账基本相同。登记银行存款日记账的总的要求是:银行存款日记账由出纳人员专门负责登记,登记时必须做到反映经济业务的内容完整,登记账目及时,凭证齐全,账证相符,数字真实、准确,书写工整,摘要清楚明了,便于查阅,不重记,不漏记,不错记,按期结算,不拖延积压,按规定方法更正错账,从而使账目既能明确经济责任,又清晰美观。每日终了,应结出本日收付发生额及余额,以便掌握每日银行存款的结存数,并定期与银行转来的对账单核对,以保证账实相符。具体要求是:

①根据复核无误的银行存款收、付款记账凭证登记账簿。

②所记载的经济业务内容必须同记账凭证相一致,不得随便增减。

③要按经济业务发生的顺序逐笔登记账簿。

④必须连续登记,不得跳行、隔页,不得随便更换账页和撕扯账页。

⑤文字和数字必须整洁清晰,准确无误。

⑥使用钢笔,以蓝、黑色墨水书写,不得使用圆珠笔(银行复写账簿除外)或铅笔书写。

⑦每一账页记完后,必须按规定转页。方法同现金日记账。

⑧每月月末必须按规定结账。

银行存款日记账的实训处理与现金日记账类似。

任务4 日记账对账与结账

4.4.1 日记账的对账

出纳员日记账对账工作主要包括账实核对、账证核对和账账核对。账实核对包括现金日记账与库存现金实存额之间的核对、银行存款日记账与银行对账单之间的核对;账证核对是指日记账与会计凭证之间的核对;账账核对是指日记账与总账之间的核对。

4.4.2 日记账的结账

日记账要做到日清月结,每日要结出余额,以便与实存结存数进行核对;月末要结出本月发生额及月末余额,并在发生额及余额栏上下方画一条单红线,表示已结账。每年年末需要计算本年度借方发生额合计、贷方发生额合计以及年末余额,并将年末余额结转到下年度新的日记账的年初余额栏中,如表4.6所示。

表4.6 现金日记账

现 金 日 记 账

2007 月 日	凭证 字 号数	摘要	对方科目	借方 千百十万千百十元角分	贷方 千百十万千百十元角分	余额 千百十万千百十元角分	✓
		期初余额				1 0 0 0 0 0	
6 2	记 3	提现备用及发放工资		8 0 0 0 0 0		9 0 0 0 0 0	
6 5	记 4	预支差旅费			1 5 0 0 0 0	7 5 0 0 0 0	
6 8	记 10	购买办公用品			1 0 0 0 0 0	6 5 0 0 0 0	
6 14	记 15	出售固定资产收到现金		1 0 0 0 0 0		7 5 0 0 0 0	
6 20	记 22	发生劳务成本			5 0 0 0 0 0	2 5 0 0 0 0	
6 22	记 25	送存现金			2 0 0 0 0 0	5 0 0 0 0	
6 23	记 28	盘点发现现金长款		9 0 0 0 0		1 4 0 0 0 0	
6 27	记 31	报职工困难补助			5 8 0 0 0	8 2 0 0 0	
6 30		本月合计		9 9 0 0 0 0	1 0 0 8 0 0 0	8 2 0 0 0	

【例4.2】重庆市大发有限责任公司2013年6月份银行存款日记账登记如表4.7所示,请代为结账。

表4.7　银行存款日记账

2013年		记账凭证		摘要	对方科目	借方	贷方	借	余额
月	日	字	号						
12	1			月初余额				借	420 000
12	1	银付	001	存入汇票存款	其他货币资金		100 000	借	320 000
12	1	银付	002	提取现金	库存现金		42 000	借	278 000
12	9	银收	002	收回应收账款	应收账款	600 000		借	878 000
12	10	银付	003	支付商业承兑汇票	应付票据		291 720	借	586 280
12	13	银收	003	借入短期借款	短期借款	200 000		借	786 280
12	14	现付	024	存入现金	库存现金	1 800		借	788 080
12	16	银收	005	收到货款	应收账款	468 000		借	1 256 080
12	24	银付	006	支付运杂费	材料采购		24 000	借	1 232 080
12	28	银付	007	缴纳增值税	应交税费		76 000	借	1 156 080
12	30	银收	005	收到投资利润	投资收益	240 000		借	1 396 080
12	31	银付	008	预交保险费	待摊费用		2 000	借	1 394 080

项目 5
现金业务

学习目标

◇了解现金管理的要求。

◇掌握现金支票业务填制方法。

◇学习现金清查业务的处理。

任务 1 现金管理要求

5.1.1 现金管理要求

出纳员经管的现金是指财务部门为备付零星开支而保管的库存现金,包括人民币和外币。企业的现金管理,应认真执行国务院颁布的《现金管理暂行条例》的相关规定,既要满足国家宏观管理的需要,又要体现内部控制的要求,努力保证资金的安全和完整。

5.1.2 现金使用范围

①职工工资、各种工资性津贴。
②个人劳动报酬。
③根据国家规定办法给个人的奖金。
④各种劳保、福利费用以及国家规定的对个人的其他支出。
⑤支付向个人收购农副产品和其他物资的款项。
⑥支付出差人员必须携带的差旅费。
⑦支付转账结算起点(1 000 元)以下的零星开支。
⑧中国人民银行确定需要支付现金的其他支出。

5.1.3 现金库存限额管理

库存限额是为保证各单位日常零星支付需要按规定允许留存现金的最高限额。一般根据日常现金开支多少、距离银行的远近、交通便利等情况向银行申请核定 3～5 天零星开支额度,申请时需要填写"库存现金限额申请书"(表 5.1)。将申请书送交银行审查,开户行经过审查、核定和综合评定后,在申请书上填写批准数。

表 5.1 库存现金限额申请书

申请单位: 　　　　　　　　　　　　　　　　　　　　单位:　　　元
开户银行: 　　　　　　　　　　　　　　　　　　　　账号:

每日必须保留现金支出项目	保留现金理由	申请金额	批准金额	备注
职工薪酬				
材料采购				
其他支出				

合计				
申请单位	单位主管部门意见		银行审查意见	
盖章 年　月　日	盖章 年　月　日		盖章 年　月　日	

5.1.4　现金管理的内部控制要求

①企业的出纳与会计人员必须分清责任,严格执行账、钱、物分管的原则。一切货币的收付、物资的进出以及其他会计手续的处理,都必须有两人以上经手。

②超出现金库存限额的现金和各项业务收入款,必须当日送存银行,不得擅自坐支现金。所谓坐支,是指从企业的现金收入中直接用于支付各项开支。

③严格现金清查盘点制度。出纳人员应将每天现金实际盘点数与现金日记账余额核对,保证账实相符。不得以借条、桥条或其他单据等"白条"抵充库存现金。

5.1.5　现金、票据及印章的保管

1)现金的保管

现金的保管主要指对每日收取的现金和库存现金的保管。现金保管要有相应的安保措施,重点在于出纳办公室和保险柜。出纳室应兼顾防潮、防火、防盗、通风,门窗装配防盗门与金属防护栏。保险柜应靠出纳室内墙放置,保险柜钥匙由出纳人员专人保管,不得交由其他人员代管。保险柜密码应由出纳人员严格保密,并做好开启记录。出纳人员工作变动时,应及时更换密码。保险柜钥匙或密码丢失或发生故障,要立即报请领导处理,不得随意找人修理或配钥匙。更换保险柜要有审批手续,注明更换情况备查。

特别提示

库存现金,包括纸币和铸币,按纸币的票面金额和铸币的币面金额,以及整数(即大数)和零数(即小数)分类保管。纸币一定要打开铺平存放,并按照纸币的票

面金额,以每一百张为一把,每十把一捆扎好。凡是成把、成捆的纸币即为整数(即大数),均应放在保险柜内保管,随用随取;凡不成把的纸币视为零数(或小数),也要按照票面金额,每十张为一扎,分别用曲别针扎好,放在传票箱内或抽屉内,一定要存放整齐,秩序井然。铸币也是按照币面金额,以每一百枚为一卷,每十卷为一捆,同样将成捆、成卷的铸币放在保险柜内保管,随用随取;不成卷的铸币,应按照不同币面金额,分别存放在特别的卡数器内。

2)有价证券的保管

有价证券是一种具有储蓄性质的,可以最终兑换成人民币的票据,包括国库券、国家重点建设债券、地方债券、金融债券、企业债券和股票等。有价证券可视同现金,且与现金的保管要求基本一样。值得注意的是,要对各种有价证券的面额和号码予以保密,另外,为掌握各种债券的到期时间应建立"认购有价证券登记簿"。

3)空白支票的保管

支票是一种支付凭证,包括现金支票和转账支票。为使开户企业随时可以通过开户银行办理款项支付业务,在银行存款额度内,开户企业可向开户银行领购支票,并保留一定数量的空白支票备用。空白支票一旦填写了有关内容,加盖有关印章后,即可成为直接从银行提款或结算的凭据,所以,必须对空白支票严格管理,实行专人保管、票印分管,建立"支票领用登记簿"(表5.2)和审批制度。

表5.2　支票领用空白登记簿样式

日期	支票类型	支票号码	收款单位	金额	领用人	核准人

【例5.1】2013年5月10日,重庆市大发有限责任公司销售部门刘一申请10 000元转账支票1张,用于支付供货商重庆光明有限责任公司购货款。支票号码XII000002,财务部长王五核准签发,请填写"支票领用登记簿"(表5.3)。

表5.3　支票领用登记簿

日期	支票类型	支票号码	收款单位	金额	领用人	核准人
2013.5.10	转账支票	XII000002	重庆光明有限责任公司	10 000	刘一	王五

4）空白收据的保管

空白收据即未填制的收据。空白收据一经填写，并加盖有关印鉴，即可成为办理转账结算和现金支付的书面证明，关系到资金的安全。空白收据一般应由主管会计人员保管，建立"空白收据登记簿"。收据用完后要及时归还、核销，使用部门不得将收据带出工作单位使用，不得转借、赠送或买卖；不得开具票面与实际不相符，存根联与其他联不相符的收据；作废收据要加盖"作废"章，各联要连同存根一起保管，不得撕毁和丢失。

【例5.2】2014年2月8日重庆市大发有限责任公司销售部开票员李二工牌号AB003，申请领用空白收据一本，起始号为NO.00000001—NO.00000100。财务部负责人王五核准。请尝试将"空白收据登记簿"（表5.4），填写完整。

表5.4　空白收据登记表

领用日期		领用单位	起始号码	证件	领用人	核准人
月	日					

5）印章的保管

支票和印章必须由两名人员分别保管。支票印章的保管一般由会计主管人员或指定专人负责。印章保管人员不得将印章随意存放或带出工作单位。印章的保管与现金要求相当，不得随意放入抽屉内，以免造成经济损失。财务章有圆形和方形之分,如图5.1所示。

图5.1 财务章

任务 2 现金支票业务

5.2.1 现金支票的知识要点

①现金支票只能用于支取现金,不能用于转账,不得背书转让。

②"收款人"名称必须填写全称。如果本单位银行提取现金,"收款人"处可以写本单位。

③企业从银行提取现金,由出纳员按照支票签发的有关规定签发现金支票,并加盖预留银行印鉴。现金支票背面要有背书(即签名,加盖预留银行印鉴:财务专用章和法人印章),并加注取款人的身份证号码及发证机关,否则不予支取。

④用现金支票向外单位或个人支付款项时,由出纳签发现金支票,并加盖预留银行印鉴,注明收款人后将支票正联交收款人,收款人持现金支票到付款单位开户银行提取现金,并按银行的要求出具有关证明。

⑤签发的现金支票遗失,可以向银行申请挂失。挂失前已经支付的,银行不予受理。

5.2.2 现金支票填制要求

支票一律记名,必须注明收款人的名称,付款期限为10天。签发人必须在银行账户余额内按照规定向收款人签发支票,不能签发空头支票,也不能透支。

①签发支票必须使用墨汁或碳素墨水笔填写,支票上各项内容要填写齐全,数字要标准,大小写金额要一致。目前,大多数商业银行要求采用支票打印机或支票打印软件填制支票各项内容,以提高支票填写的规范性及支票的安全性。由于各商业银行并未作出统一要求,因此本书从强化学生训练印象出发采用手工填制方法。

②签发日期应填写实际出票日期,支票正联出票日期必须使用中文大写,支票存根部分的出票日期可用阿拉伯数字书写。在支票正联用大写填写出票日期,大

写数字写法:零、壹、贰、叁、肆、伍、陆、柒、捌、玖、拾。壹月贰月前零字必写,叁月至玖月前零字可写可不写;拾月至拾贰月必须写成壹拾月、壹拾壹月、壹拾贰月(前面多写了"零"字也认可,如零壹拾月)。壹日至玖日前零字必写,拾日至拾玖日必须写成壹拾日及壹拾×日(前面多写了"零"字也认可,如零壹拾伍日,下同),贰拾日至贰拾玖日必须写成贰拾日及贰拾×日,叁拾日至叁拾壹日必须写成叁拾日及叁拾壹日。如 2005 年 8 月 5 日,写成:贰零零伍年捌月零伍日。

③收款单位名称应填写全称并与预留银行印鉴中单位名称保持一致。

④大写金额应紧接"人民币"书写,不得留有空白,以防添加;大小写金额要对应,要按规定书写。

⑤阿拉伯小写金额数字前面,均应填写人民币符号"¥"。阿拉伯小写金额数字要认真填写,不得连写分辨不清。

⑥如实写明用途,存根联与支票正联填写的用途应一致。

⑦在签发人签章处按预留银行印鉴分别签章(财务专用章、法人印章),签章不能缺漏。

⑧对约定使用支付密码作为支付票据金额的,出票人可在小写金额栏下方的空格栏(支付密码填写栏)中记载支付密码。

⑨预算单位在办理支票业务时,可以根据财政部门的相关管理规定,在"附加信息"栏上填写预算管理类型、预算账户、支出类型等代码信息。其他客户也可根据系统、行业或内部管理的需要,在"附加信息"栏记载相关信息。"附加信息"并非票证的必要记载事项,欠缺记载事项并不影响票据的效力。

⑩支票签发后,将支票从存根联与正联之间骑缝线剪开,正联交给收款人办理转账,存根联留下作为记账依据。

特别提示

空头支票,是指支票持有人请求付款时,出票人在付款人处实有的可供合法支配的存款不足以支付票据金额的支票。票据法规定,支票出票人所签发的支票金额不得超过其在付款人处实有的存款金额,即不得签发空头支票,这就要求出票人自出票日起至支付完毕止,保证其在付款人处的存款账户中有足以支付支票金额的资金。对签发空头支票骗取财物的,要依法追究刑事责任。

5.2.3　支票登记簿

根据《内部会计控制范围——货币资金》规定,单位应当加强与货币资金相关的票据管理,明确各种票据的购买、保管、领用、背书转让、注销等环节的职责权限和程序,并专设登记簿进行记录,防止空白票据的遗失和被盗用。因此,为加强支票的管理,领用支票时,应登记"支票登记簿"。详细登记领用日期、领用部门、领用人、用途、批准人、支票类别、支票号码、限额、收款单位、金额等内容。

5.2.4　提现业务流程图

提现业务流程如图5.2所示。

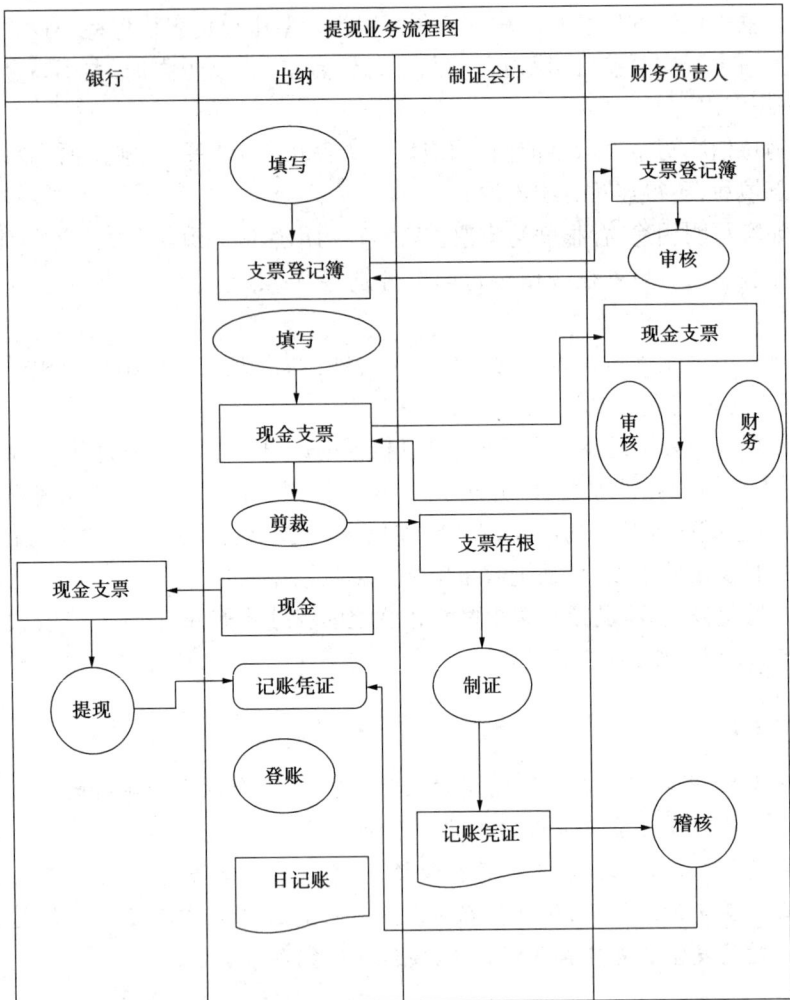

图 5.2　提现业务流程图

5.2.5　举例分析

【例5.3】2013年5月2日,重庆市大发有限责任公司财务部门开出现金支票1张,提取现金8 000元作为备用金(开户银行:工行重庆杨家坪支行,账号:8000000000000001,现金支票号XII0000001)。

①出纳填写支票"领用登记簿"(表5.5),交财务部长审核签字。

表5.5　领用登记簿

日期	支票类型	支票号码	收款单位	金额	领用人	核准人
2013-05-02	现金	XII0000001	本企业	8 000	张三	王五

②出纳填写"现金支票及存根"(表5.6),财务负责人在"现金支票正联"(表5.7)加盖公司财务专用章及法人印章,在"现金支票正联背面"(表5.8)加盖公司财务专用章。

表5.6　现金支票正面及存根

表5.7　现金支票正联

表 5.8　现金支票正联背面

附加信息：	
	财务专用章（重庆市大发有限责任公司）
	收款人签章
	2013年05月02日
	身份证名称：　　　　　　　　发证机关：
	号码

③出纳员将现金支票正联剪下，送交开户银行，办理提现手续。

④出纳员将"现金支票存根"（表5.9）传给总账报表会计填制记账凭证（表5.10）。

表 5.9　现金支票存根

中国工商银行

支票 存根

XⅠⅠ0000001

科　目：

对方科目：

出票日期	2013 年　5 月　2 日	
收款人：	重庆市大发有限责任公司	
金　额：	￥　8,000.00	
用　途：	备用金	
单位主管		会计

表5.10 记账凭证

记 账 凭 证

年 月 日 第 ×× 号

摘要	会计科目		借方金额	贷方金额
	总账科目	明细科目		
提现备用金	库存现金		8 000.00	
	银行存款	工行		8 000.00
合计:			￥8 000.00	￥8 000.00

会计主管:王五 出纳:张三 审核:王五 制单:李四

⑤出纳员根据财务负责人审核无误的记账凭证,复核后登记库存现金日记账(表5.11)和银行存款日记账(表5.12)。

表5.11 库存现金日记账

库存现金日记账									
2013年		记账凭证		摘要	对方科目	借方	贷方	借或贷	余额
月	日	字	号						
1	1			期初余额				借	1 200
5	2	银付	1	提取现金	银行存款	8 000		借	9 200

表 5.12　银行存款日记账

银行存款日记账								
2013 年		记账凭证		摘要	对方科目	借方	贷方	借或贷	余额
月	日	字	号						
1	1			期初余额				借	10 000
5	2	银付	1	提取现金	库存现金		8 000	借	2 000

任务 3　经典业务处理

5.3.1　收取现金业务

1)收取现金的基本要点

（1）收据

出纳员收取现金时,应填写收款收据或现金收入凭证,并加盖"现金收讫"章。收据一般为三联,用复写纸套写,第一联为存根,第二联由交款人收执,第三联作为本单位记账依据。其中,第二联上需加盖财务公章。

（2）收据的填写方法

①交款人(单位):填写交款单位名称或交款人姓名。

②摘要:填写所收款项的内容。

③金额:填写收款的大小写金额,小写金额前要加人民币符号。

有的企业收取小额的零星销售收入时,如果有销售发票的,出纳根据本单位发票金额收取现金后,可以在本单位留存的发票记账联上加盖"现金收讫"字样的戳记,代替收款收据。

2)举例分析

【例 5.4】2013 年 5 月 12 日,重庆市大发有限责任公司员工刘一无故旷工罚款200 元,出纳员收讫现金。

①员工刘一交来现金,出纳员当面清点无误,开出收据(表5.13),并在收据上加盖"现金收讫"章。

表5.13　收款收据

收 款 收 据

2013 年　5 月　12 日　　编号：011

交款人（单位）	刘一							
摘要	旷工罚款							
		万	千	百	十	元	角	分
金额（大写）	贰佰元整			2	0	0	0	0
主管　王五	会计　李四	现金收讫		出纳　张三				

②将上述原始凭证经审核后交收入费用利润核算会计李四填制记账凭证(表5.14)。

表5.14　记账凭证

记　账　凭　证

年　月　日　　　　　　　第　××　号

摘要	会计科目		借方金额	贷方金额
	总账科目	明细科目		
提现备用金	库存现金		200.00	
	营业外收入			200.00
合计：			￥200.00	￥200.00

会计主管:王五　　　　　　出纳:张三　　　审核:王五　　　　制单:李四

③出纳员根据财务负责人审核无误后的记账凭证登记库存现金日记账(表5.15)。

表 5.15　库存现金日记账

库存现金日记账									
2013 年		记账凭证		摘要	对方科目	借方	贷方	借或贷	余额
月	日	字	号						
1	1			期初余额				借	1 200
5	2	银付	1	提取现金	银行存款	8 000		借	9 200
5	12	现收	2	收旷工罚款	营业外收入	200		借	9 400

5.3.2　现金支出业务

1)现金支出的基本要点

业务人员因公出差借领差旅费或其他原因借款时,持有关发票填写"差旅费报销单",经批准后交出纳员办理退(补)款手续。

2)案例分析

【例 5.5】2013 年 5 月 18 日,重庆市大发有限责任公司采购员周二出差,借支差旅费2 000元。

①采购员周文虎出差回来,持有关发票填写"差旅费报销单"(表 5.16),经批准后交出纳员刘浩办理退(补)款手续。

表 5.16　差旅费报销单

起止日期				起止地点	火车费	市内车费	住宿费	途中伙食补助			住勤费		其他	合计
月	日	月	日					标准	天数	金额	天数	金额		
5	8	5	9	重庆—广州	300.00	100.00	600.00	80.00	4.00	320.00	4.00	200.00		1,520.00
5	12	5	13	广州—重庆	300.00									300.00
				合计	600.00	100.00	600.00	80.00	4.00	320.00	4.00	200.00		1,820.00
人民币 (大写)							应退(补):180							

②出纳员复核单据后收取退回现金,并开具收据(表 5.17),加盖"现金收讫"章。

表5.17 收款收据

收 款 收 据

2013 年 5 月 18 日 编号：013

交款人（单位）	周二						
摘要	差旅费报销退回余款						
		万	千	百	十	元	角	分
金额（大写）	壹佰捌拾元整			1	8	0	0	0
主管 王五	会计 李四	现金收讫	纳 张三				

③出纳员将"差旅费报销单"传给往来核算会计吴静填制记账凭证(表5.18)。

表5.18 记账凭证

记 账 凭 证

年 月 日　　　　　　　　　第 ×× 号

摘要	会计科目		借方金额	贷方金额
	总账科目	明细科目		
报销差旅费	管理费用	差旅费	1 820.00	
	库存现金			180.00
	其他应收款	周二		2 000.00
合计：			￥2 000.00	￥2 000.00

会计主管:王五　　　　　出纳:张三　　　审核:王五　　　　制单:李四

5.3.3 现金存款业务

1)现金存款的基本知识

现金送存银行前,首先由出纳人员清点票币,将同面额的纸币摆放在一起,按每 100 张为一把整理好,不够整把的,从大额到小额顺放。将同额硬币放在一起,壹圆、伍角、壹角硬币,按每 50 枚用纸卷成一卷。款项清点整齐核对无误后,由出纳人员填写现金解款单存入银行。现金送存银行时,应填写"现金解款(进账)单"或现金存款凭条,现金解款单为一式三联或一式二联。三联式现金进账单,第一联为回单,此联由银行盖章后退回存款单位;第二联为收入凭证,此联由收款人开户银行作凭证;第三联为附件联,是银行出纳留底联。出纳人员在填写现金解款单时,要用双面复写纸复写。字迹必须清楚、规范,不得涂改。

2)案例分析

【例 5.6】2013 年 5 月 20 日,重庆市大发有限责任公司出纳员将收取的现金 4 000 元存入银行,开户行为工行重庆杨家坪支行;账号为:800000000001。

①出纳员清点票币,不足一卷的一般不送存银行,留作找零。

②出纳员填写"进账单"(表 5.19),将现金与进账单一并交银行收款员,银行核对后加盖"现金收讫"章。

表 5.19 进账单

中国工商银行 进 账 单（收账通知）

2013 年 5 月 20 日 　　　 第 4 号

	全 称	重庆市大发有限责任公司		全 称	重庆市工商银行杨家坪支行	此联是持票人开户行给持票人的收账通知
收款人	账 号	800000000001	付款人	账 号	800000000001	
	开户银行	重庆工行杨家坪支行		开户银行	重庆工行营业部	

人民币(大写)	肆仟元整	千	百	十	万	千	百	十	元	角	分
					¥	4	0	0	0	0	0

票据种类	借款凭证
票据张数	1 张

单位主管: 　　会计:

复核: 　　记账:

重庆市工行杨家坪支行 2013.5.20

收款人开户行盖章 现金收讫

③将盖有银行"现金收讫"章的进账单第一联取回,经财务部长审核后,总账报表会计据以填写记账凭证(表5.20)。

表5.20 记账凭证

记 账 凭 证

年 月 日　　　　　　　　　第 ×× 号

摘要	会计科目		借方金额	贷方金额
	总账科目	明细科目		
现金送存银行	银行存款	工行	4 000.00	
	库存现金			4 000.00
合计:			￥4 000.00	￥4 000.00

会计主管:王五　　　　　　　出纳:张三　　　审核:王五　　　制单:李四

④出纳员根据财务负责人审核无误后的记账凭证登记库存现金日记账(表5.21)和银行存款日记账(表5.22)。

表5.21 库存现金日记账

库存现金日记账									
2013 年		记账凭证		摘要	对方科目	借方	贷方	借或贷	余额
月	日	字	号						
1	1			期初余额				借	1 200
5	2	银付	1	提取现金	银行存款	8 000		借	9 200
5	12	现收	2	收旷工罚款	营业外收入	200		借	9 400
5	20	现付	3	现金送存银行	银行存款		4 000	借	5 400

表 5.22　银行存款日记账

银行存款日记账								
2013 年		记账凭证		摘要	对方科目	借方	贷方	借或贷	余额
月	日	字	号						
1	1			期初余额				借	10 000
5	2	银付	1	提取现金	库存现金		8 000	借	2 000
5	20	现付	2	现金送存银行	库存现金	4 000		借	6 000

任务 4　现金清查业务

5.4.1　现金清查的基础知识

1)现金清查

现金清查是指对库存现金的盘点与核对,包括出纳人员每日终了前进行的现金账款核对和清查小组进行的定期与不定期的现金盘点,一般采用实地盘点法。清查小组清查时,出纳人员必须在场。清查的主要内容是检查是否有挪用现金、白条抵库、超限额留存现金等情况,清查结果应编制"现金盘点报告表",现金溢缺要通过"待处理财产损益——待处理流动资产损益"账户核算。查明原因后,根据情况分别处理。现金短款应由责任人赔偿的,记入"其他应收款"账户;作企业报损处理的,记入"管理费用"账户;无法支付的现金长款,记入"营业外收入"账户。

2）现金清查业务流程图

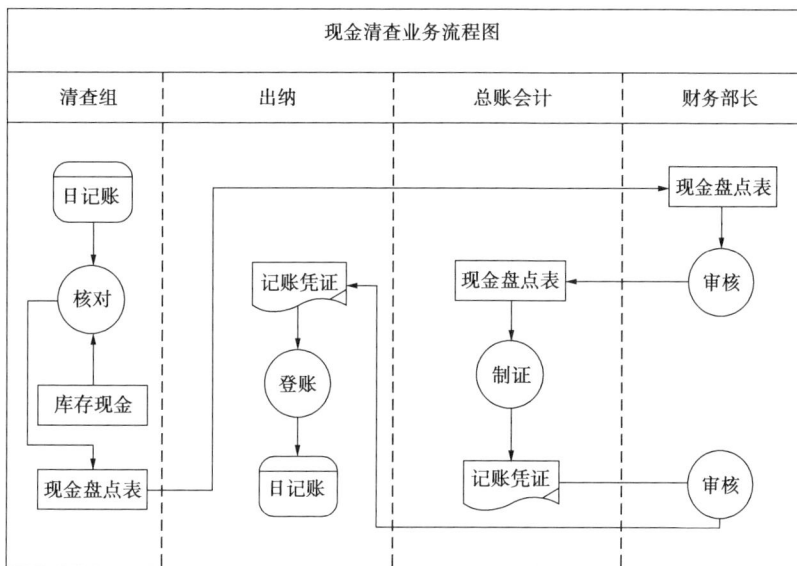

图5.3　现金清查流程图

5.4.2　案例分析

【例5.7】2013年5月31日,重庆市大发有限责任公司清查小组对库存现金进行盘点,发现短款200元,作报销处理。

①出纳员将未入账的收付票据及时登账,结出当日现金日记账余额。

②清查小组当面清点库存现金。

③清查小组将清点的库存现金与当日现金日记账余额核对,发现短款200元,编制"现金盘点报告表"(表5.23)并报批。

④将"现金盘点报告表"经审核后转给收入费用利润核算会计填制记账凭证(表5.24)。

⑤出纳员根据财务负责人审核无误的记账凭证登记库存现金日记账(表5.25)。

表 5.23　现金盘点报告表

现金盘点报告表

盘点日期:2013年5月31日下午5：00				
		盈亏情况		
实存金额	账存金额	盘盈数	盘亏数	备注
1 400	1 600		200	
处理意见:				
作费用报销处理				
				万平

表 5.24　记账凭证

记　账　凭　证

年　月　日　　　　　　　　　第　××　号

摘要	会计科目		借方金额	贷方金额
	总账科目	明细科目		
现金盘亏	管理费用	现金盘亏	200.00	
		库存现金		200.00
合计:			￥200.00	￥200.00

会计主管:王五　　　　　　　　　出纳:张三　　　审核:王五　　　　　制单:李四

表 5.25　库存现金日记账

银行存款日记账									
2013 年		记账凭证		摘要	对方科目	借方	贷方	借或贷	余额
月	日	字	号						
1	1			期初余额				借	1 200
5	2	银付	1	提取现金	银行存款	8 000		借	9 200
5	12	现收	2	收旷工罚款	营业外收入	200		借	9 400
5	20	现付	3	现金送存银行	银行存款		4 000	借	5 400
5	31	现付	4	现金盘亏	管理费用		200	借	5 200
		本月合计				8 200	4 200	借	5 200

5.4.3　岗位实训

背景材料:重庆市大发有限责任公司位于重庆市杨家坪,该公司以生产、销售电视机产品为主要业务,公司员工共 200 人。公司开户银行为工行杨家坪支行,账号为 8000000001。公司法人为王刚,财务负责人为王五,总账报表会计是李四(负责制证),出纳员是张三(负责日常现金的收取与支付以及银行存款业务)。

2013 年 7 月该公司发生的现金收付业务如下:

①2013 年 7 月 1 日提现备用,开出现金支票一张,票号 XII0000002,金额 5 000 元。请先填写"支票领用登记簿"(表 5.26)和"现金支票"(表 5.27)。

表 5.26　支票领用登记簿

支票领用登记簿

日期	支票类型	支票号码	收款单位	金额	领用人	核准人

表5.27　现金支票

中国工商银行　现金支票

本支票付款期限十天

出票日期（大写）　　年　　月　　日　付款行名称：

收款人：　　　　　　　　　　　　　出票人账号：

人民币（大写）

用途　_____

上列款项请从
我账户内支付
出票人签章　　　　　　　　　　　复核　　　记账

②2013年7月5日销售部职员王梅经批准到广州联系客户，借支5 000元，销售部负责人为李雪。请填写"借支单"（表5.28）。

表5.28　借支单

借　支　单

年　　月　　日

借款部门		职别		出差人姓名	
借款事由					
借款金额人民币（大写）：					
部门负责人审批意见：		公司负责人审批意见：			
收款人：					

③2013年7月8日，从广州天发有限责任公司用现金购买原材料价税合计1 170元。请根据购物发票（表5.29）填写"支出证明单"（表5.30）。

④2013年7月12日，雷平出差回来报销差旅费2 020元，退回480元。请根据"差旅费报销单"（表5.31）填写收款收据（表5.32）。

⑤2013年7月31日，该公司清查小组对库存现金进行盘点，发现实存金额为2 500元，账存金额为2 600元。请填写"现金盘点报告表"（表5.33）。

表 5.29 购物发票

广州省增值税专用发票

No12345678

开票日期：2013 年 7 月 8 日

		重庆市大发有限责任公司								第二联：发票联 购货方记账凭证
购货单位	名　　　称：	重庆市大发有限责任公司			密码区					
	纳税人识别号：	4000000000000011								
	地址、电话：	重庆市胜利路 12 号								
	开户行及账号：	工行 800000000001						（略）		
货物或应税劳务名称		规格型号	单位	数量	单价	金额	税率		税额	
原材料			吨	2	5 000	10 000.00	17%		1 700.00	
合　计：				2		10 000.00			1 700.00	
价税合计（大写）		⊗ 壹万壹仟柒佰元整				（小写）￥11 700.00				
销货单位	名　　　称：	广州天发有限责任公司			备注					
	纳税人识别号：	700000000001								
	地址、电话：	广州								
	开户行及账号：	230000000313								

收款人：　　　　复核：　　　　　　开票人：阿丽　　　销货单位：（章）

表 5.30 支出证明单

支 出 证 明 单

年　月　日　　　　　　　　　　　附件共　　张

支出科目	摘　　要	金额							缺乏正式单据之原因
		万	千	百	十	元	角	分	

合计人民币（大写）：　　万　仟　佰　拾　元　角　分　　　￥

核准：　　　复核：　　证明人：　　　经手：

表 5.31　差旅费报销单

差旅费报销单

起止日期				起止地点	火车费	市内车费	住宿费	途中伙食补助			住勤费		其他	合计
月	日	月	日					标准	天数	金额	天数	金额		
7	2	7	3	重庆—广州	400.00	200.00	500.00	80.00	4.00	320.00	4.00	200.00		1,620.00
7	6	7	7	广州—重庆	400.00									400.00
		合计			800.00	200.00	500.00	80.00	4.00	320.00	4.00	200.00		2,020.00
人民币（大写）							应退（补）：480							

表 5.32　收款收据

收 款 收 据

年　　月　　日　　编号：

交款人（单位）								
摘要								
		万	千	百	十	元	角	分
金额（大写）								
主管	会计			出纳				

表 5.33　现金盘点报告表

现金盘点报告表

盘点日期：2013年7月31日下午4：00

实存金额	账存金额	盈亏情况		备注
		盘盈数	盘亏数	

处理意见：

作费用报销处理

万平

项目 6
银行存款业务

学习目标

◇了解银行的结算业务。

◇掌握常见的几种银行结算方式。

◇了解网上银行业务的流程。

任务 1 银行结算业务

6.1.1 银行结算概述

银行结算是指通过银行账户的资金转移所实现收付的行为,即银行接受客户委托代收代付,从付款单位存款账户划出款项,转入收款单位存款账户,以此完成经济之间债权债务的清算或资金的调拨。银行结算是商品交换的媒介,是社会经济活动中清算资金的中介。国内银行结算方式主要有银行汇票、商业汇票、银行本票、支票、汇兑、委托收款、托收承付、信用卡、信用证等。

6.1.2 银行结算分类

银行结算按结算形式,可分为现金结算和转账结算。其中转账结算按地区又可分为同城结算、异地结算、国际结算。

1)现金结算与转账结算

发生经济活动的双方以现金来完成经济往来的货币收付行为称为现金结算。发生经济活动的双方以信用支付代替现金收付,收付双方通过在银行的账户间划转款项,来负担了结和清算收付功能的行为称非现金结算,也叫转账结算。转账结算与现金结算比较而言,有许多优越性,主要体现在以下几方面:

（1）转账结算便利货币交换,加速资金周转

首先,转账结算可以不受金额的限制,无论交易的金额多大,一张支付凭证就可以把成百上千万的资金往来结算清楚。其次,转账结算是通过银行集中清算资金,银行是各种经济关系互相联系的桥梁和纽带,无论社会上的经济交往多么错综复杂,各单位之间的款项收付多么频繁,只要将票据送存银行,就能把各单位应付的款项付出去,应收的款项收回来,又方便又迅速。再次,转账结算可以充分利用现代化的电信条件和遍布城乡各地的银行机构网络。无论路途多么遥远,都可以通过银行的支付网络及时划转资金,大大缩短了结算的时间和距离。转账结算在便利货币交换、加速商品流通和资金周转方面,大大优于现金结算。

（2）转账结算可以节约大量的流通管理费用

在社会生产不断发展、商品流通不断扩大的情况下,如果大量使用现金就要付出大量的印刷费用;现金的运送和保管也要支付大量费用;不断循环清点整理钞票,要消耗大量的社会劳动,银行和单位都要为此增加很多出纳人员,在物力、财力、人力上都很不经济。使用转账结算,用银行的支付凭证代替现金流通,可以大

大减少现金的流通数量,虽然印制结算凭证也要支付一定的费用和增加相应的办事人员,但与使用现金相比成本要低得多。

（3）转账结算有利于保证资金安全

转账结算通过银行进行,无论怎样划转资金都在银行账上。款项在银行之间,此付彼收,此收彼付,出不了银行的大门。遇有差错纠纷,有凭证可查,易于追索。

（4）转账结算可以吸收社会资金,支持国民经济建设

首先,国民经济各部门、各单位之间的经济和资金往来通过银行办理转账结算,必须在银行开立的账户上有足够的资金,这就构成了银行的资金来源。其次,通过银行办理转账结算的各单位之间的经济往来,只是银行存款户上的资金转移,此增彼减,并不影响银行资金来源的增减。再次,单位在银行办理转账结算过程中,在款项未支付前,或者当款项已从付款单位账户上付出,收款单位未收到款项时,会形成在途资金,银行可以加以利用。总之,这些暂时闲置的货币资金、待结算资金和结算在途资金,可成为银行信贷资金的重要来源,扩大银行分配资金的力量,从而有利于支持生产和商品流通的发展,提高经济建设速度。

（5）转账结算有利于进行货币监督

在转账结算的形式下,银行进行货币结算监督有以下几个便利条件:一是各部门各单位之间的经济往来,都要通过银行结算这一关;二是按照结算制度的规定,各单位办理结算都必须在结算凭证上填明资金的来源与去向,由谁付款,款付给谁,支付的根据,支付的数目以及支付的用途;三是转账凭证无论怎样流通转让,结算凭证最后还是要回到银行,这样银行就可以掌握资金运动的来龙去脉,审查是否属于正常的支付,进行具体的监督。而现金是一种固定面额的抽象购买手段,可以自由流通,也可以循环使用,银行难以进行具体的监督。

特别提示

转账结算与现金结算相比,也有其一定的局限性。如它要受到时间、地点、条件的限制,超过了银行的营业时间就无法办理;超过了规定的使用期限就失去了效用;甲地的支票不能在乙地使用;凭证填写的内容不全,银行会拒绝转账,无论如何简便,总要有一定的处理手续。现金则不同,它不受时间、地点、条件的限制,使用灵活方便。

2）同城结算、异地结算及国际结算

同城结算也称本埠结算,是指同一城镇范围内各单位之间的转账结算。按照

我国现行《银行结算办法》规定,同城结算中使用较为普遍的结算种类有支票、银行本票、委托收款等。

异地结算也称埠际结算,是指在不同城市范围内各单位之间的转账结算。对于虽属于同一城市,但开户银行没有参加同城票据交换的结算,一般也按异地结算办理。异地结算的特点是:参加结算的双方距离较远,联系不便;结算地域广,涉及单位多,既有经济往来关系比较固定、订有合同的交易往来,也有临时采购业务。目前,异地结算使用的结算种类主要有银行汇票、商业汇票、汇兑、委托收款、托收承付等。

国际结算通常是指国与国之间的结算。按照现行国际惯例,国际结算的方式主要有汇款结算方式、托收结算方式、信用证结算方式,以及汇票、本票、支票等信用支付工具。

6.1.3 银行结算原则

1)恪守信用,履约付款

各种结算凭证和票据的当事人、关系人都必须守信用,严格履行规定的经济承诺和应尽的义务。收款者,必须以提供约定的劳务或商品为前提,不许套取银行信用;付款者,则必须按规定付款条件及时清偿债务,支付款项。

2)谁的钱入谁的账,由谁支配

根据结算制度规定,收、付双方实现商品交易或完成劳务服务后,主债权人有权决定应收款项进入谁的账户,其合法收款人不得干涉。对付款者而言,一不应拖欠付款项,二不应强行扣款或代别人扣款。

3)银行不得垫款

当收款单位委托银行代收款项时,款项尚未收妥之前不可提前支用;付款单位委托银行办理支付款项时,本单位存款账户内必须有足够的余额,不允许签发空头支票或空头汇票。

6.1.4 办理银行结算的基本要求

各单位办理银行结算,必须了解并遵守下列基本要求:
①各单位办理结算必须遵守国家法律、法规和银行结算办法的各项规定。
②各项经济往来,除了按照国家现金管理的规定可以使用现金以外,都必须办理转账结算。

③在银行开立账户的单位办理转账结算,账户内须有足够的资金保证支付。

④各单位办理结算必须使用银行统一规定的票据和结算凭证,并按照规定正确填写。

⑤银行、单位办理结算应遵守"恪守信用,履约付款,谁的钱进谁的账,由谁支配,银行不垫款"的结算原则。

⑥银行按照结算办法的规定审查票据和结算凭证。收付双方发生的经济纠纷应由其自行处理,或向仲裁机关、人民法院申请司法调解或裁决。

⑦银行依法为单位、个人的存款保密,维护其资金的自主支配权。除了国家法律规定和国务院授权中国人民银行总行的监督项目以外,其他部门和地方委托监督的事项,各银行均不受理,不代任何单位查询、扣款,不得停止单位存款的正常支付。

⑧各单位办理结算,必须严格遵守银行结算纪律,不准签发空头支票和远期支票,不准套取银行信用。

⑨各单位办理结算,由于填写结算凭证有误而影响资金使用,票据和印章丢失而造成资金损失的,由其自行负责。

6.1.5　银行结算纪律

银行结算纪律是指通过银行办理转账结算的各单位或个人,在办理具体结算业务过程中,应当遵守的行为规范。

1)银行结算纪律的内容

按照《银行结算办法》的规定,银行结算纪律主要包括以下几个方面:

①对于款项收付单位,在办理转账过程中,不准出租、出借银行账号,不准签发空头支票和远期支票,不准套取银行信用。

②对于银行,在办理结算的过程中,必须严格执行银行结算办法的规定,及时处理结算凭证,需要向外寄发的结算凭证,必须于当天及时发出,最迟不得超过次日;汇入银行收到结算凭证,必须及时将款项支付给确定的收款人;不准延误、积压结算凭证;不准挪用、截留客户和他行的结算资金;未收妥款项,不准签发银行汇票、本票;不准向外签发未办汇款的汇款回单;不准拒绝受理客户和他行的正常业务。

③对于邮电部门,应及时传递银行结算凭证,不准延误、积压银行结算凭证。

2）银行结算纪律的规定

（1）单位和个人办理支付结算四不准

①不准签发没有资金保证的票据或远期支票,套取银行信用。

②不准签发、取得和转让没有真实交易和债权债务的票据,套取银行和他人的资金。

③不准无理拒绝付款,任意占用他人资金。

④不准违反规定开立和使用账户。

（2）银行办理支付结算八不准

①不准以任何理由压票,任意退票、截留、挪用用户和他行的资金。

②不准无理由拒绝支付应由银行支付的票据款项。

③不准受理无理拒付,不扣少扣滞纳金。

④不准签发空头银行汇票、银行本票和办理空头汇款。

⑤不准在支付结算制度之外规定附加条件,影响汇路畅通。

⑥不准违反规定为单位和个人开立账户。

⑦不准拒绝受理、代理他行正常结算业务。

⑧不准放弃对违反结算纪律的制裁。

3）违反银行结算纪律的责任

违反银行结算纪律的,应承担相应的责任:

①收、付款单位和个人,违反银行结算规定和纪律,银行按有关规定予以经济处罚。付款单位签发空头支票,银行按规定处以5%但不低于1 000元的罚款;情节严重的,应停止使用有关结算办法,因此造成的后果由其自行负责。收、付款单位和个人办理结算,由于填写结算凭证有误影响资金使用,票据和印章丢失造成资金损失的,由其自行负责。允许背书转让的票据,因不获付款而遭退票时,持票人可以对出票人、背书人和其他债务人行使追索权,票据的各债务人对持票人负连带责任。

②银行办理结算因工作差错,发生延误,影响客户和他行资金使用的,应按存（贷）款利率计付赔偿金;因违反结算制度规定,发生延压、挪用、截留结算资金,影响客户和他行资金使用的,应按结算金额每天万分之三计付赔偿金;因错付或被冒领的,应及时查处,如造成客户资金损失的,要负责赔偿。

③邮电部门在传递银行结算凭证和拍发电报过程中,因工作差错而发生积压、丢失、错投、错拍、漏拍、重拍等,造成结算延误,影响单位、个人和银行资金使用,或

造成资金损失的,由邮电部门承担责任。

任务2　银行结算方式

6.2.1　支票

1)支票概述

支票是出票人签发的,委托办理支票存款业务的银行在见票时无条件支付确定的金额给收款人或者持票人的票据,包括现金支票和转账支票。支票是以银行为付款人的即期汇票,可以看作汇票的特例。开立支票存款账户和领用支票,必须有可靠的资信,并存入一定的资金。支票出票人签发的支票金额,不得超出其在付款人处的存款金额。如果存款低于支票金额,银行将拒付给持票人,这种支票称为空头支票,出票人要负法律上的责任。支票一经背书即可流通转让,具有通货作用,成为替代货币发挥流通手段和支付手段职能的信用流通工具。运用支票进行货币结算,可以减少现金的流通量,节约货币流通费用。归纳起来,支票有以下三个特点:

①使用方便,手续简便、灵活。

②支票的提示付款期限自出票日起10天。

③支票可以背书转让,但用于支取现金的支票不得背书转让。

2)支票记载事项分类

支票记载事项包括:绝对记载事项、相对记载事项、非法定记载事项。我国《票据法》和《支付结算办法》规定两项绝对记载事项可以通过出票人以授权补记的方式记载其中,包括支票的金额、收款人名称,注意未补记前不得使用。

（1）绝对记载事项

绝对记载事项包括:表明"支票"字样、无条件支付委托、确定的金额、付款人名称、出票日期和出票人签章。绝对记载事项是票据法规定必填的记载事项,如欠缺某一项记载事项,则该票据无效。

（2）相对记载事项

相对记载事项包括:付款地（如果支票上未记载付款地的,则付款地为付款人的营业场所）和出票地（支票上未记载出票地的,则出票人的营业场所、住所、经常居住地为出票地）。相对记载事项是票据法规定应当记载而没有记载的事项,如未记载可以通过法律规定进行推定而不会导致票据无效。

（3）非法定记载事项

非法定记载事项包括：支票的用途、合同编号、约定的违约金和管辖法院等。非法定记载事项并不发生支票上的效力。

3）支票的填写

（1）出票日期

数字必须大写，大写数字写法：零、壹、贰、叁、肆、伍、陆、柒、捌、玖、拾。壹月、贰月前零字必写，叁月至玖月前零字可写可不写；拾月至拾贰月必须写成壹拾月、壹拾壹月、壹拾贰月（前面多写了"零"字也认可，如零壹拾月）。壹日至玖日前零字必写，拾日至拾玖日必须写成壹拾日及壹拾×日（前面多写了"零"字也认可，如零壹拾伍日，下同），贰拾日至贰拾玖日必须写成贰拾日及贰拾×日，叁拾日至叁拾壹日必须写成叁拾日及叁拾壹日。如2005年8月5日写成贰零零伍年捌月零伍日。

（2）收款人

①现金支票收款人可写为本单位名称，此时现金支票背面"被背书人"栏内加盖本单位的财务专用章和法人章，之后收款人可凭现金支票直接到开户银行提取现金。（由于有的银行各营业点联网，所以也可到联网营业点取款，具体要看联网覆盖范围而定。）

②现金支票收款人可写为收款人个人姓名，此时现金支票背面不盖任何章，收款人在现金支票背面填上身份证号码和发证机关名称，凭身份证和现金支票签字领款。

③转账支票收款人应填写为对方单位名称。转账支票背面本单位不盖章。收款单位取得转账支票后，在支票背面被背书栏内加盖收款单位财务专用章和法人章，填写好银行进账单后连同该支票交给收款单位的开户银行委托银行收款。

（3）付款行名称、出票人账号

即为本单位开户银行名称及银行账号，账号小写。

（4）人民币大写金额

数字大写写法：零、壹、贰、叁、肆、伍、陆、柒、捌、玖、拾、佰、仟、万、亿。注意："万"字不带单人旁。

举例：

①289 546.52应写成：贰拾捌万玖仟伍佰肆拾陆元伍角贰分。

②7 560.31应写成：柒仟伍佰陆拾元零叁角壹分，其中的"零"字可写可不写。

③532.00 应写成:伍佰叁拾贰元正。"正"写为"整"字也可以,不能写为"零角零分"。

④425.03 应写成:肆佰贰拾伍元零叁分。

⑤325.20 应写成:叁佰贰拾伍元贰角。角字后面可加"正"字,但不能写成"零分",比较特殊。

(5)人民币小写金额

最高金额的前一位空白格填写人民币符号"￥",数字填写要求完整清楚。

(6)用途

①现金支票有一定限制,一般填写"备用金""差旅费""工资""劳务费"等。

②转账支票没有具体规定,可填写如"货款""代理费"等。

(7)盖章

支票正面盖财务专用章和法人章,缺一不可,印泥为红色,印章必须清晰,印章模糊只能将本张支票作废,换一张重新填写重新盖章。反面盖章与否见上述第二条关于收款人的内容。

(8)注意事项

①支票正面不能有涂改痕迹,否则本支票作废。

②受票人如果发现支票填写不全,可以补记,但不能涂改。

③支票的有效期为 10 天,日期首尾算一天,节假日顺延。

④支票见票即付,不记名。

⑤出票单位现金支票背面有印章盖模糊了,可把模糊印章打叉,重新再盖一次,但不能超过三个印章。

⑥收款单位转账支票背面印章盖模糊了(此时票据法规定是不能以重新盖章方法来补救的),收款单位可带转账支票及银行进账单到出票单位的开户银行去办理收款手续(不用付手续费),俗称"倒打",这样就不用到出票单位重新开支票了。

⑦在支票左上角画两道斜线可以防止支票丢失后被人取现,即只能通过银行转账。

特别提示

丢了支票尤其是现金支票可能就是票面金额数目的钱丢了,银行不承担责任。支票要素填写齐全的现金支票丢失,且支票未被冒领,在开户银行挂失;支票要素填写齐全的转账支票丢失,且支票未被冒领,在开户银行挂失,如果要素填写不齐,则到票据交换中心挂失。

4)支票的具体运用

现金支票已在项目三中介绍,下面重点介绍转账支票。

(1)票据样式

支票上印有"现金"字样的为现金支票,只能用于支取现金。支票上印有"转账"字样的为转账支票,只能用于转账。支票上未印有"现金"或"转账"字样的为普通支票,可以用于支取现金,也可以用于转账。在普通支票左上角画两条平行线的,为画线支票,只能用于转账,不得支取现金。转账支票样式如表6.1所示。

表6.1 转账支票样式

(2)转账支票的填写

①正联的填写方法。

a.出票日期(大写):与现金支票要求相同。

b.收款人:填写对方收款单位的名称。

c.付款行名称、出票人账号:填写本单位开户银行名称及银行账号。

d.人民币(大写):大写按要求规范填写,必须与小写金额一致。

e.人民币小写:最高金额的前一位空白格应填写"¥",数字填写必须完整清楚。

f.用途:填写所付款项的用途。

g.小写金额下方的空格栏:采用支付密码的,可在此填写支付密码。

h.出票人签章:应加盖单位财务专用章、企业法人印章两枚印鉴,或单位财务公章、企业法人印章、出纳印章三枚印鉴。印章要用力加盖清晰,应与单位在银行预留的印章一致。

②存根的填写方法。

a.附加信息:与正联背面所填内容相同。

b.出票日期:用小写填写,日期与正联一致。

c.收款人:与正联所填相同。

d.金额:用小写填写与正联相同的金额。

e.用途:与正联所填相同。

f.单位主管、会计:由单位财务负责人、会计签名或盖章,也可以不填写。

③支票背面的填写方法。

a.附加信息:可填写需要说明的有关事项。

b.如有背书情况,在背书栏加盖被背书人印鉴。

6.2.2　汇票

1)汇票概述

汇票是最常见的票据类型之一,我国的《票据法》第十九条规定:"汇票是出票人签发的,委托付款人在见票时,或者在指定日期无条件支付确定的金额给收款人或者持票人的票据。"它是一种委付证券,基本的法律关系最少有三个人物:发票人、持票人、付款人。这三个人物的关系是:发票人签发汇票给持票人,并委托付款人,向持票人付款。按出票人的不同分为银行汇票、商业汇票。

2)汇票的使用

(1)出票

出票是出票人签发汇票并交付给收款人的行为。出票后,出票人即承担汇票承兑和付款的责任。如汇票遭到拒付,出票人应接受持票人的追索,清偿汇票金额、利息(从到期日起或提示付款日起至清偿日的利息)和有关费用(拒绝证书和发出拒付通知的费用)。出票包含了签字和交付两个动作。出票是主票据行为,其他行为都是以出票所开立的票据为基础,因此称为附属票据行为或从票据行为。

(2)提示

提示是收款人或持票人将汇票提交给付款人要求承兑或付款的行为,提示包括付款提示和承兑提示。

(3)承兑

承兑是远期汇票的付款人在汇票上签名确认,承诺于汇票到期时付款的行为。承兑包含两个动作:第一个动作是付款人在汇票正面写明"承兑(Accepted)"字样并签字,注明承兑日期(写明汇票的到期日)。第二个动作是指将承兑的汇票交还持票人。付款人一旦对汇票作承兑,即成为承兑人并以主债务人的地位承担汇票到期时付款的法律责任。承兑是对远期汇票而言的,即期汇票没有承兑。

（4）背书

背书是指汇票的收款人或持票人在票据的背面记载有关的事项并签字。背书是把票据的权力转让给他人的行为，是记名汇票转让时的必要手续。背书包含两个动作，第一是在汇票背面背书，第二是把汇票交给被背书人。背书有三种形式：空白背书、特别背书、限制性背书。

①空白背书。它又称为不记名背书，背书人只在汇票背面签字，不写明被背书人。这是最常见的背书方式。

②特别背书。它包括记名背书、正式背书、完全背书，背书人除了在票据背面载明背书人的姓名及签章外，还应记载被背书人的名称。

③限制性背书。它是指背书人在票据背面对支付给被背书人的指示中带有限制性词语。此背书方式因没有流通性，在国际贸易结算中较少使用。

（5）付款

付款是指即期汇票的受票人和远期汇票的承兑人在接到付款提示时，向提示汇票的合法持票人足额付款。汇票所代表的债务债权关系即告终止。在付款时要注意两点：①付款必须是善意的；②付款人必须确认背书是连续的，只有连续的背书才能证明持票人的票据权利是合法的。

（6）拒付

在汇票提示付款和提示承兑时，付款人拒绝付款或拒绝承兑的行为，均称拒付。另外，付款人避而不见、逃匿、死亡或宣告破产，以致持票人无法实现提示，也称拒付。

（7）追索

汇票遭到拒付后，持票人有追索权，即有权向其前手（背书人、出票人）要求偿付汇票金额、利息和其他费用的权利。在追索前必须按规定做成拒绝证书和发出拒付通知，拒付证书是用以证明持票已进行提示而未获结果，由付款地公证机构出具，也可由付款人自行出具退票理由书，或有关的司法文书。拒付通知是用以通知前手关于拒付的事实，使其准备偿付并进行再追索。

特别提示

行使追索权的三个条件是：必须在法定期限内提示汇票；必须在法定期限内发出退票通知；国外汇票遭到退票，必须在法定期限内做成拒绝证书。

（8）保证

汇票责任当事人以外的第三者对汇票的部分或全部金额保证付款。一张汇票经过了保证就提高了汇票的信用。

3）银行汇票

银行汇票是出票银行签发的、由其在见票时按实际结算金额,无条件支付收款人或持票人的票据。

（1）票据样式

银行汇票样式如表6.2所示。

表6.2　银行承兑汇票样式

（2）银行汇票的基本知识

①银行汇票的使用人和付款人。单位和个人各种款项结算,均可使用银行汇票。银行汇票的出票银行为银行汇票的付款人。

②银行汇票的特点。银行汇票可用于转账,填明"现金"字样的银行汇票也可以用于支取现金。

③银行汇票的适用范围。银行汇票的出票和付款,限于全国范围中国人民银行和各商业银行参加"全国联行往来"的银行机构办理。跨系统银行签发的转账银行汇票的付款,应通知同城票据交换将银行汇票和解讫通知提交给同城的有关银行审核支付后抵用。代理付款人不得受理未在本行开立存款账户的持票人为单

位直接提交的银行汇票。省、自治区、直辖市内和跨省、直辖市的经济区域内银行汇票的出票和付款,按照有关规定办理。

④签发银行汇票必须记载下列事项:

a. 表明"银行汇票"的字样。

b. 无条件支付的承诺。

c. 出票金额。

d. 付款人名称。

e. 收款人名称。

f. 出票日期。

g. 出票人签章。

欠缺记载上列事项之一的银行汇票视为无效。

⑤银行汇票的提示付款期限为自出票日起1个月。持票人超过付款期限提示付款的,代理付款人不予受理。持票人向银行提示付款时,必须同时提交银行汇票和解讫通知,缺少任何一联,银行不予受理。在银行开立存款账户的持票人向开户银行提示付款时,应在汇票背面"持票人向银行提示付款签章"处签章,签章须与预留银行签章相同,并将银行汇票和解讫通知、进账单送交开户银行。银行审查无误后办理转账。

(3)银行汇票的办理

办理银行汇票即提交"银行汇票申请书",申请书需要填写以下事项:

①申请日期:用小写填写申请当日的日期。

②申请人:填写本单位的名称。

③账号或住址:填写本单位开户银行账号和住址,账号要用小写。

④用途:填写所付款项的用途,如货款等。

⑤代理付款行:填写本单位开户银行名称。

⑥汇票金额:与支票填写方法相同。

⑦出票人签章:应加盖单位财务专用章、企业法人印章两枚印鉴,或单位财务公章、企业法人印章、出纳印章三枚印鉴。印章要用力加盖清晰,应与单位在银行预留的印鉴相一致。

4)商业汇票

商业汇票是出票人签发的,委托付款人在指定日期无条件支付确定的金额给收款人或者持票人的票据。根据承兑人的不同,商业汇票分为商业承兑汇票和银行承兑汇票。商业承兑汇票是由银行以外的付款人承兑。商业承兑汇票按交易双方约定,由销货企业或购货企业签发,但由购货企业承兑。银行承兑汇票是由出票人签发的,由银行承兑的,委托付款人在指定日期无条件支付确定的金额给收款人或者持票人的票据。

（1）票据样式

票据样式如表6.3和表6.4所示。

表6.3 商业承兑汇票样式

表6.4 银行承兑汇票样式

（2）商业汇票的基本知识

①商业汇票的适用范围。在银行开立存款账户的法人以及其他组织之间,具有真实的交易关系或债权债务关系,才能使用商业汇票。

②商业汇票的出票人、承兑人、付款人。商业承兑汇票的出票人,为在银行开立存款账户的法人以及其他组织,与付款人具有真实的委托付款关系,具有支付汇票金额的可靠资金来源。银行承兑汇票的出票人为在承兑银行开立存款账户的法人以及其他组织,与承兑银行具有真实的委托付款关系,资信状况良好,具有支付汇票金额的可靠资金来源等条件。商业承兑汇票可以由付款人签发并承兑,也可以由收款人签发交由付款人承兑。商业承兑汇票由银行以外的付款人承兑;银行承兑汇票由银行承兑。

③商业汇票的期限和提示付款期。商业汇票的付款期限,最长不得超过6个月,提示付款期为自汇票到期日起10日。

④签发商业汇票必须记载下列事项:

a. 表明"商业承兑汇票"或"银行承兑汇票"的字样。

b. 无条件支付的委托。

c. 确定的金额。

d. 付款人名称。

e. 收款人名称。

f. 出票日期。

g. 出票人签章。

欠缺记载上列事项之一的商业汇票视为无效。

6.2.3　银行本票

银行本票是由银行签发的,承诺自己在见票时无条件支付确定的金额给收款人或者持票人的票据。

1)票据样式

银行本票如表6.5所示。

表 6.5 银行本票样式

2）银行本票的基本知识

①银行本票的使用人和出票人。单位和个人均可以使用银行本票。银行本票的出票人，为经中国人民银行当地分支行批准办理银行本票业务的银行机构。

②银行本票的特点。银行本票可以用于转账，注明"现金"字样的银行本票可以用于支取现金。

③银行本票的使用范围。同一票据交换区域需要支付各种款项，均可以使用银行本票。

④银行本票的种类。银行本票分为不定额本票和定额本票两种。定额银行本票面额分别为 1 千元、5 千元、1 万元和 5 万元。

⑤签发银行本票必须记载下列事项：

a. 标明"银行本票"的字样。

b. 无条件支付的承诺。

c. 确定的金额。

d. 收款人的名称。

e. 出票日期。

f. 出票人签章。

欠缺记载上列事项之一的银行本票视为无效。

6.2.4 汇兑

汇兑是汇款人委托银行将其款项支付给收款人的结算方式。

1)票据样式

票据样式如表6.6所示。

表6.6 银行电汇凭证样式

2)汇兑的基本知识

①汇兑的种类。汇兑分为信汇和电汇两种,由汇款人选择使用。

②汇兑的适用范围。单位和个人的各种款项的结算,均可使用汇兑结算方式。

③签发汇兑凭证必须记载下列事项:

a.表明"信汇"或"电汇"的字样。

b.无条件支付的委托。

c.确定的金额。

d.收款人名称。

e.汇款人名称。

f.汇入地点、汇入行名称。

g.汇出地点、汇出行名称。

h.委托日期。

i.汇款人签章。

汇兑凭证上欠缺上列记载事项之一的,银行不予受理。

④汇兑凭证记载的汇款人名称、收款人名称,其在银行开立存款账户的,必须记载其账号。欠缺记载的,银行不予受理。委托日期是指汇款人向汇出银行提交汇兑凭证的当日。汇兑凭证上记载收款人为个人的,收款人需要汇入银行领取汇款。汇款人应在汇兑凭证上注明"留行待取"字样。留行待取的汇款,需要指定单位的收款人领取汇款的,应注明收款人的单位名称。信汇凭证收款人签章支取的,应在信汇凭证上预留其签章。

⑤汇出银行受理汇款人签发的汇兑凭证,经审核无误后,应及时向汇入银行办理汇款,并向汇款人签发汇款回单。

⑥汇入银行应将汇款人给开立存款账户收款人的款项直接转入收款人账户,并向其发出收账通知。

6.2.5　委托收款

委托收款是指收款人委托银行向其付款人收取款项的结算方式。

1)票据样式

票据样式如表6.7所示。

表6.7　委托收款凭证样式

中国工商银行 委托收款凭证（付款通知）				委收号码:								
				委托日期:　　年　　月　　日								
收款单位	全　　称	B有限公司		付款单位	全　　称	A公司						此联付款人开户银行给付款人按期付款的通知
	账　号或地址	600000000002			账　号或地址	600000000001						
	开户银行	建行营业部	行号		开户银行	重庆工商银行南坪支行						
委收金额	人民币（大写）贰拾捌万零捌仟元整			千	百	十 万 千	百	十	元	角	分	
					￥	2 8 0 8	0	0	0	0	0	
款项内容	货款	委托收款凭据名称			附寄单证张数							
备注	重庆市工行杨家坪支行 2013.12.12 付讫		付款人注意:　1、根据结算办法,上列委托收款,如在付款期限内未据付,即视同全部同意付款,以此联代付款通知。　2、如需提前付或多付款时,应另写书面通知送银行办理。　3、如系全部或部分据付,应在付款期限内另填拒绝付款理由书送银行办理。										
单位主管:　　　　会计:　　　　　　复核:　　　　　　记账:												

2）委托收款的基本知识

①委托收款的种类。委托收款结算款项的划回方式，分邮寄和电报两种，由收款人选用。

②汇兑的适用范围。单位和个人凭已承兑商业汇票、债券、存单等付款人债务证明办理款项的结算，均可以使用委托收款结算方式。委托收款在同城、异地均可以办理。

③签发委托收款凭证必须记载下列事项：

a.表明"委托收款"字样。

b.确定的金额。

c.付款人名称。

d.收款人名称。

e.委托收款凭据名称及附寄单证张数。

f.委托日期。

g.收款人签章。

欠缺记载上列事项之一的，银行不予受理。

④委托收款的程序：

a.收款人办理委托收款应向银行提交委托收款凭证和有关的债务证明。银行接到寄来的委托收款凭证及债务证明，审查无误办理付款。付款人审查有关债务证明后，对收款人委托收取的款项需要拒绝付款的，可以办理拒绝付款。

b.付款人应于接到通知的当日书面通知银行付款。按照有关办法规定，付款人未在接到通知日的次日起 3 日内通知银行付款的，视同付款人同意付款，银行应于付款人接到通知日的次日起第 4 日上午开始营业时，将款项划给收款人。

6.2.6　信用卡

信用卡是指商业银行向个人和单位发行的，凭以向特约单位购物、消费和向银行存取现金，且具有消费信用的特质载体卡片。

1）信用卡样式

信用卡样式如图 6.1 所示。

图 6.1　信用卡样式

2）信用卡的基本知识

①信用卡的种类。信用卡按使用对象分为单位卡和个人卡；按信誉等级分为金卡和普通卡。

②信用卡的使用范围。持卡人可持信用卡在特约单位购物、消费。单位卡不得用于 10 万元以上的商品交易和劳务供应款项的结算。

③信用卡的透支：

a. 允许透支的金额。信用卡透支额，各个银行均有所差别。

b. 透支天数的限制。信用卡透支期限最长为 60 天。

c. 透支利息的计算。信用卡透支利息，自签单日或银行记账日起 15 日内按日息万分之五计算，超过 15 日按日息万分之十计算，超过 30 日或透支金额超过规定限额的，按日息万分之十五计算。透支计息不分段，按最后期限或者最高透支额的最高利率档次计息。

d. 关于恶意透支。持卡人使用信用卡不得发生恶意透支。恶意透支是指持卡人超过规定限额或规定期限，并且经发卡银行催收无效的透支行为。

6.2.7　异地托收承付

异地托收承付是根据购销合同由收款人发货后，委托银行向异地付款人收取款项，由付款人向银行承认付款的结算方式。

1）票据样式

票据样式如表 6.8 所示。

表 6.8　托收承付凭证样式

| 邮 | 中国××银行托收承付结算凭证（回单） | 1 | 第　号 |

| 委托日期：　　　年　　月　　日 | 托收号码： |

付款单位	全　称		收款单位	全　称	
	账号或地址			账号或地址	
	开户银行	行号		开户银行	行号
托收金额	人民币（大写）			百 十 万 千 百 十 元 角 分
附　件	商品发运情况	合同名称号码
附寄单证张数或册数		
备注：	款项收妥日期　　年　月　日	（收款单位开户行盖章）　　年　月　日

单位主管：　　　会计：　　　复核：　　　记账：

2）异地托收承付的基本知识

使用托收承付结算方式的收款单位,必须是国有企业、供销合作社以及经营管理较好,并经开户银行审查同意的城乡集体所有制工业企业。办理托收承付结算的款项,必须是商品交易,以及因商品交易而产生的劳务供应的款项。代销、寄销、赊销商品的款项,不得办理托收承付结算。

任务3　典型业务处理

6.3.1　案例分析

【例6.1】重庆市大发有限责任公司（开户行:工行重庆杨家坪支行;账号:8000000000001;纳税人识别号:600000000002;地址:重庆市胜利路12号）,公司法人为王刚,财务负责人为王五,总账报表会计是李四（负责制证）,出纳员是张三（负责日常现金的收取与支付以及银行存款业务）。2013年6月1日,重庆市大发有限责任公司收到广州天天有限责任公司（开户行:工商银行广州支行;账号:800000000005）转账支票1张（票号:NI000008）50 000元,偿付之前所欠货款,当日存入银行账户。

①出纳员填写进账单,将转账支票（表6.9）送交本公司开户银行进账,银行盖（转讫）章。出纳员将进账单回单联（表6.10）带回,做收款依据。

表6.9　转账支票

中国工商银行 转账支票 存根 NI000008	中国工商银行　转账支票	NI000008

中国工商银行
转账支票 存根
NI000008

科　目：
对方科目：

本支票付款期限十天

出票日期	2013 年　6 月　1 日
收款人：	重庆市大发有限责任公司
金　额：	￥　50,000.00
用　途：	借还货款
单位主管	会计

中国工商银行　转账支票　NI000008

出票日期（大写）贰零壹叁 年　零陆 月　零壹 日　付款行名称：　工商银行广州支行
收款人：　重庆市大发有限责任公司　　　出票人账号：　8000000005

| 人　民　币（大写） | 伍万元整 | ￥ | 50,000.00 |

用途　借还货款

上列款项请从
我账户内支付
出票人签章　　　　　　　　　　　　　　复核　　　记账

表6.10　银行进账单

中国工商银行　进账单（回单）

2013 年　6 月　1 日　　　　　第 1 号

收款人	全　称	重庆市大发有限责任公司	付款人	全　称	广州天天有限责任公司	此联是持票人开户行给持票人的收账通知
	账　号	800000000001		账　号	800000000005	
	开户银行	工行重庆杨家坪支行		开户银行	工商银行广州支行	

人民币（大写）	伍万元整	千	百	十	万	千	百	十	元	角	分
				￥	5	0	0	0	0	0	0

| 票据种类 | 还款凭证 |
| 票据张数 | 1 张 |

重庆市工行杨家坪支行
2013.6.1
收讫

单位主管：　　会计：

收款人开户行盖章

复　核：　　记账：

②回单联经财务负责人审核后传递给往来核算会计填制记账凭证(表6.11)。

表6.11　记账凭证

记 账 凭 证

年　月　日　　　　　　　　　　　　第 ×× 号

摘要	会计科目		借方金额	贷方金额
	总账科目	明细科目		
收到前欠货款	银行存款	工行	50 000.00	
	应收账款	广州天天		50 000.00
合计:			￥50 000.00	￥50 000.00

会计主管:王五　　　　　　出纳:张三　　　　审核:王五　　　　制单:李四

③出纳根据经财务负责人审核无误的记账凭证,登记银行存款日记账(表6.12)。

表6.12　银行存款日记账

银行存款日记账									
2013 年		记账凭证		摘要	对方科目	借方	贷方	借或贷	余额
月	日	字	号						
1	1			期初余额				借	110 000
5	2	银付	1	提取现金	库存现金		8 000	借	102 000
5	20	现付	2	现金送存银行	库存现金	4 000		借	106 000
		本月合计				4 000	8 000	借	106 000
6	1	银收	3	收到前欠货款	应收账款	50 000		借	156 000

【例6.2】重庆市大发有限责任公司(开户行:工行重庆杨家坪支行;账号:8000000000001;纳税人识别号:600000000002;地址:重庆市胜利路12号),公司法人为王刚,财务负责人为王五,总账报表会计是李四(负责制证),出纳员是张三(负责日常现金的收取与支付以及银行存款业务)。2013年6月4日,从重庆花花科技公司(开户行:工行重庆南坪支行;账号:80000000443;纳税人识别号:40000000637)购入材料1批,价款共计20 000元,增值税额为3 400元,开出工行转账支票1张,票号XII000037,用以支付全额货款,增值税专用发票已收到,货物已验收入库。附"采购材料明细表"(表6.13)。

表6.13　采购材料明细表

采购材料明细表					
商品编号	品牌	型号	数量	单价	金额
A001	W型元件	W002	100	100	10 000
B001	Z型元件	Z001	50	100	5 000
C001	X型元件	X003	100	50	5 000

①出纳员复核业务凭证,开具转账支票(表6.14)。

表6.14　转账支票

②将增值税专用发票(表6.15)、转账支票存根(表6.16)、入库单(表6.17)一起传给财产物资会计填制记账凭证(表6.18)。

③出纳员根据财务负责人审核无误的记账凭证,登记银行存款日记账(表6.19)。

表 6.15　增值税专用发票

重庆市增值税专用发票

No12345678 重庆市

开票日期：2013 年 6 月 4 日

购货单位	名　　称：	重庆大发有限责任公司	密码区	（略）
	纳税人识别号：	600000000002		
	地　址、电话：	重庆市胜利路 12 号		
	开户行及账号：	工行 8000000000001		

货物或应税劳务名称	规格型号	单位	数量	单价	金额	税率	税额
W 型元件	W002	件	100	100	10000.00	17%	11 700.00
Z 型元件	Z001	件	50	100	5000.00	17%	5 850.00
X 型元件	X003	件	100	50	5000.00	17%	5 850.00
合　计：			200		20000.00		23 400.00

价税合计（大写）	⊗ 贰万叁仟肆佰元整	（小写）¥23 400.00

销货单位	名　　称：	重庆花花科技公司	备注	发票专用章
	纳税人识别号：	40000000637		
	地　址、电话：	重庆市南坪解放路 50 号		
	开户行及账号：	工行 80000000443		

第二联：发票联　购货方记账凭证

收款人：　　　复核：　　　开票人：小红　　　销货单位：（章）

表 6.16 转账支票存根

中国工商银行

转账支票 存根

XII000037

科　目：

对方科目：

出票日期 2013 年 6 月 4 日

收款人：	重庆花花科技公司
金　额：	￥　23,400.00
用　途：	购材料

单位主管　　　　　会计

表 6.17 入库单

入库单							
入库部门：仓库			2013 年 6 月 4 日				专字第 2 号
种类	编号	名称	规格	数量	单位	单价	成本总额
材料	A001	W 型元件	W002	100	件	100	10 000
材料	B001	Z 型元件	Z001	50	件	100	5 000
材料	C001	X 型元件	X003	100	件	50	5 000

表 6.18 记账凭证

记 账 凭 证

年 月 日　　　　　　　　　第 ×× 号

摘要	会计科目		借方金额	贷方金额
	总账科目	明细科目		
购买材料	原材料		20 000.00	
	应交税费	应交增值税（进项税额）	3 400	
	银行存款			23 400

103

续表

摘要	会计科目		借方金额	贷方金额
	总账科目	明细科目		
合计:			￥23 400.00	￥23 400.00

会计主管:王五　　　　　　　出纳:张三　　　审核:王五　　　制单:李四

表6.19　银行存款日记账

银行存款日记账									
2013 年		记账凭证		摘要	对方科目	借方	贷方	借或贷	余额
月	日	字	号						
1	1			期初余额				借	110 000
5	2	银付	1	提取现金	库存现金		8 000	借	102 000
5	20	现付	2	现金送存银行	库存现金	4 000		借	106 000
		本月合计				4 000	8 000	借	106 000
6	1	银收	3	收到前欠货款	应收账款	50 000		借	156 000
6	4	银付	4	支付购材料款	原材料应交税费		23 400	借	132 600

【例6.3】重庆市大发有限责任公司(开户行:工行重庆杨家坪支行;账号:8000000000001;纳税人识别号:600000000002;地址:重庆市胜利路12号),公司法人为王刚,财务负责人为王五,总账报表会计是李四(负责制证),出纳员是张三(负责日常现金的收取与支付以及银行存款业务)。2013年6月6日,重庆市大发有限责任公司开出转账支票(票号:XII000008),用于支付本月职工工资120 000元。

①出纳员根据审核后的"职工工资结算表"(表6.20)开具转账支票。

表6.20　职工工资结算表

| 编号 | 部 门 | 基本工资 | 津 贴 | 奖 金 | 缺勤应扣 | | 应付工资 | 代扣款项 | | 实发工资 |
					事假	迟到早退		代扣税款	其他	
1	行政办公室	20 000.00	5 000.00	5 000.00			30 000.00	1 000.00		29 000.00
2	销售部门	20 000.00	10 000.00	8 000.00			38 000.00	2 000.00		36 000.00
3	财务部	10 000.00	4 000.00	2 000.00			16 000.00	1 000.00		15 000.00
4	生产车间	30 000.00	4 000.00	7 000.00			41 000.00	1 000.00		40 000.00
	合计	80 000.00	23 000.00	22 000.00			115 000.00	5 000.00		120 000.00

②将转账支票存根(表6.21)传给职工薪酬会计填制记账凭证(表6.22)。

表6.21　转账支票存根

中国工商银行

转账支票 存根

XI1000052

科　目：

对方科目：

出票日期　2013 年　6 月　6 日

收款人：	重庆大发有限责任公司
金　额：	￥　120,000.00
用　途：	支付职工工资

单位主管　　　　会计

表6.22　记账凭证

记 账 凭 证

年　月　日　　　　　　　　　第 ×× 号

| 摘　要 | 会计科目 | | 借方金额 | 贷方金额 |
	总账科目	明细科目		
支付职工工资	应付职工薪酬	工资	120 000.00	
	银行存款	工行		120 000.00

续表

摘 要	会计科目		借方金额	贷方金额
	总账科目	明细科目		
合计			￥120 000.00	￥120 000.00

会计主管:王五   出纳:张三   审核:王五   制单:李四

③出纳员根据财务负责人审核无误的记账凭证,登记银行存款日记账(表6.23)。

表6.23 银行存款日记账

银行存款日记账									
2013年		记账凭证		摘要	对方科目	借方	贷方	借或贷	余额
月	日	字	号						
1	1			期初余额				借	110 000
5	2	银付	1	提取现金	库存现金		8 000	借	102 000
5	20	现付	2	现金送存银行	库存现金	4 000		借	106 000
		本月合计				4 000	8 000	借	106 000
6	1	银收	3	收到前欠货款	应收账款	50 000		借	156 000
6	4	银付	4	支付购材料款	原材料应交税费		23 400	借	132 600
6	6	银付	5	支付职工工资	应付职工薪酬		120 000	借	12 600

6.3.2 上岗实训

【实训1】重庆市大发有限责任公司(开户行:工行重庆杨家坪支行;账号:8000000000001;纳税人识别号:600000000002;地址:重庆市胜利路12号),公司法人为王刚,财务负责人为王五,总账报表会计是李四(负责制证),出纳员是张三(负责日常现金的收取与支付以及银行存款业务)。2013年6月2日,向北京美兰有限责任公司(开户银行:建行北京东城支行;账号:8000000000033,纳税人识别号:20000000000067;地址:北京市长安路672号)销售电视机一批,货款共计50 000元,增值税8 500元,收到1张对方开具的转账支票,已送存银行。

①出纳员填写进账单(表6.24),将转账支票送交本公司开户银行进账,银行盖"转讫"章。将进账单回单联带回,做收款凭据。

表6.24　银行进账单

中国工商银行　进　账　单(回单)														
			年　　月　　日				第　　号							
收款人	全　称		付款人	全　称										此联是持票人开户行给持票人的收账通知
	账　号			账　号										
	开户银行			开户银行										
人民币(大写)				千	百	十	万	千	百	十	元	角	分	
票据种类														
票据张数														
单位主管:　　　会计:														
复　　核:　　　记账:		收款人开户行盖章												

107

②回单联经财务负责人审核后,和增值税专用发票(表6.25)一起传递给收入费用利润核算会计填制记账凭证(表6.26)。

表6.25 增值税专用发票

重庆市增值税专用发票

No12345678 重庆市

开票日期:2013 年 6 月 2 日

购货单位	名　称:北京美兰有限责任公司							
	纳税人识别号:20000000000067			密				
	地址、电话:北京市长安路 672 号			码				
	开户行及账号:工行 8000000000033			区			(略)	

货物或应税劳务名称	规格型号	单位	数量	单价	金额	税率	税额
电视机		台	10	5 000	50 000.00	17%	8 500.00
合　计:			2		50 000.00		8 500.00

价税合计(大写)	⊗伍万捌仟伍佰元整	(小写)￥58500.00

销货单位	名　称:重庆市大发有限责任公司			备	
	纳税人识别号:600000000002				
	地址、电话:重庆市胜利路 12 号			注	
	开户行及账号:工行 800000000001				

收款人:　　　复核:　　　开票人:小红　　　销货单位:(章)

表 6.26　记账凭证

记　账　凭　证

年　月　日　　　　　　第　××　号

摘要	会计科目		借方金额	贷方金额
	总账科目	明细科目		
合计				

会计主管：　　　　　　出纳：　　　　审核：　　　　制单：

③出纳员根据财务负责人审核无误的记账凭证,登记银行存款日记账(表6.27)。

表 6.27　银行存款日记账

2013 年		记账凭证		摘要	对方科目	借方	贷方	借或贷	余额
月	日	字	号						
1	1			期初余额				借	110 000
5	2	银付	1	提取现金	库存现金		8 000	借	102 000
5	20	现付	2	现金送存银行	库存现金	4 000		借	106 000
		本月合计				4 000	8 000	借	106 000
6	1	银收	3	收到前欠货款	应收账款	50 000		借	156 000
6	4	银付	4	支付购材料款	原材料应交税费		23 400	借	132 600
6	6	银付	5	支付职工工资	应付职工薪酬		120 000	借	12 600

【实训2】重庆市大发有限责任公司(开户行:工行重庆杨家坪支行;账号:8000000000001;纳税人识别号:600000000002;地址:重庆市胜利路12号),公司法人为王刚,财务负责人为王五,总账报表会计是李四(负责制证),出纳员是张三(负责日常现金的收取与支付以及银行存款业务)。2013年6月13日,重庆市大发有限责任公司向重庆市美美有限责任公司(开户银行:建行重庆解放碑支行;账号:80000000009)开出工行转账支票1张,用于支付购买办公桌款项11 700元,票号:XII400000。

①出纳员复核业务购货发票(增值税专用发票)(表6.28),签发转账支票(表6.29)。

表6.28 增值税专用发票

重庆市增值税专用发票

No12345678 重庆市

开票日期:2013年6月13日

购货单位	名　　称:	重庆市大发有限责任公司	密码区		第二联:发票联购货方记账凭证
	纳税人识别号:	4000000000000011			
	地址、电话:	重庆市胜利路12号			
	开户行及账号:	工行 800000000001		(略)	

货物或应税劳务名称	规格型号	单位	数量	单价	金额	税率	税额
办公桌		件	5	2 000	10 000.00	17%	1 700.00
合　计			2		10 000.00		1 700.00

价税合计(大写)	⊗壹万壹仟柒佰元整	(小写)￥11 700.00

销货单位	名　　称:	重庆市美美有限责任公司	备注
	纳税人识别号:	40000000000024	
	地址、电话:	重庆市解放路25号	
	开户行及账号:	工行 80000000009	

收款人:　　复核:　　开票人:小兰　　销货单位:(章)

表6.29 转账支票

中国工商银行

转账支票 存根

科 目：
对方科目：

本支票付款期限十天

出票日期 年 月 日
收款人：
金 额：
用 途：
单位主管 会计

中国工商银行 转账支票

出票日期（大写） 年 月 日 付款行名称：
收款人： 出票人账号：

人 民 币
（大写）

用途

上列款项请从
我账户内支付
出票人签章 复核 记账

②将支票存根及发票交收入费用利润会计填制记账凭证(表6.30)。

表6.30 记账凭证

记 账 凭 证

年 月 日 第 ×× 号

摘 要	会计科目		借方金额	贷方金额
	总账科目	明细科目		
合计				

会计主管： 出纳： 审核： 制单：

②出纳员根据财务负责人审核无误的记账凭证,登记银行存款日记账(表6.31)。

表 6.31　银行存款日记账

\multicolumn{3}{c}{银行存款日记账}								
2013 年		记账凭证		摘要	对方科目	借方	贷方	借或贷	余额
月	日	字	号						
1	1			期初余额				借	110 000
5	2	银付	1	提取现金	库存现金		8 000	借	102 000
5	20	现付	2	现金送存银行	库存现金	4 000		借	106 000
		本月合计				4 000	8 000	借	106 000
6	1	银收	3	收到前欠货款	应收账款	50 000		借	156 000
6	4	银付	4	支付购材料款	原材料应交税费		23 400	借	132 600
6	6	银付	5	支付职工工资	应付职工薪酬		120 000	借	12 600

任务 4　网上银行业务

随着现代网络的发展,基本上所有银行都开始普及网上银行业务,网上银行给企业带来了新的变革,网上银行的使用可以提高财务人员的工作效率,减轻财务人员的负担,可以说网上银行属于企业的第二个财务室。作为技术革新的受益人群,我们必须对此项业务有所了解并掌握网上银行业务的操作。

6.4.1　网上银行功能介绍

企业网上银行是集信息、交易、申请、咨询等为一体的综合服务平台,整体服务规模不断扩大并向差异化、多元化服务转型,为电子商务客户提供了快捷、畅通的服务。

1)账户查询功能

通过网上银行,可以在电脑上查询账户余额、账户交易明细账、待处理情况、网上银行交易日志查询等,这种查询非常快捷方便。并且查询企业在一定时间范围内通过网上银行所提交的交易信息,可以根据自身的需要针对某一笔交易进行详细信息打印。

2)转账汇款功能

通过网上银行,可以进行行内转账、跨行转账、批量转账等业务,大大节省了财务人员去银行的时间。

3)代收代付功能

通过网上银行,可以很方便快捷地给员工发放工资福利、报销款等。财务人员以文件方式批量上传工资数据,银行就可以直接把钱打到员工的账上了。

4)网上对账功能

通过网上银行可以进行网上的对账,同样也节省了财务人员很多时间。

6.4.2　操作员角色分配

在第一次使用网上银行业务的时候,要先对电脑进行必要的设置,以使出纳顺利地使用网银。网上银行系统有不同的操作员角色,其中,网上银行系统的"主管"只有一个,除此之外的其他操作员均可设置多个,根据实际情况而定。各个角色根据主管设置的权限,可以进行查询、制单、转账汇款、代收代付、打印等功能,角色权限不同,需要处理的业务则不同。每个企业网上银行系统主要有以下角色:

①制单员:主要在账务性交易中,担任"出纳"工作,制作相关交易的单据。

②复核员:主要在账务性交易中,担任"会计"工作,复核制单员提交的单据。

③副主管:协助主管进行账务管理,有一部分的主管权限。

④主管:每个企业网上银行系统只有一个主管,担任"财务主管"工作,可管理所有操作员及操作流程,还可以对单据进行最终复核。

6.4.3　网上银行业务操作

下面以建设银行为例,从制单员(即出纳员)的角度选择某几项业务进行实际操作演示。

1)首次使用前的准备工作

(1)安装建行网银盾

将从建行领回的网银盾插入电脑的 USB 接口,此时系统会自动安装网银盾驱动程序,安装完成后,屏幕右下角显示"建行网银盾管理工具"图标(图6.2),并弹出密码框(图6.3),要求设置网银盾初始口令(图6.3),请牢记设置的口令,如遗忘将导致网银盾作废(图6.4)。

图 6.2　建行网银盾管理工具

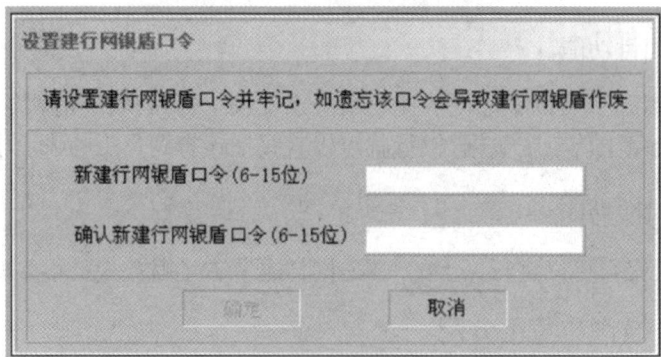

图 6.3　密码框

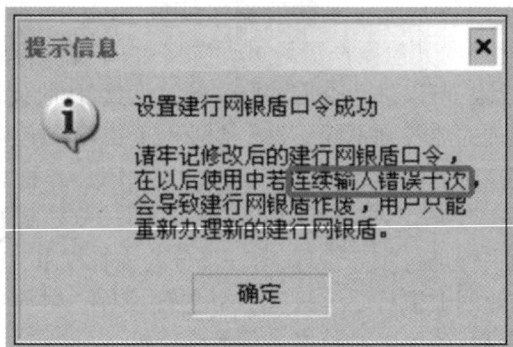

图 6.4　提示成功信息

(2)证书安装提示

屏幕右下角出现"建行网银盾管理工具"图标后,将提示如图6.5所示信息,单击"是"即可;或从建行网站登录"www.ccb.com/hb",左上角点击下载中心—下载相应品牌驱动及管理工具,按提示安装即可,如图6.6所示。

(3)企业网银签名通程序安装

登录"www.ccb.com/hb",左上角点击下载中心—下载企业客户签名通"高级

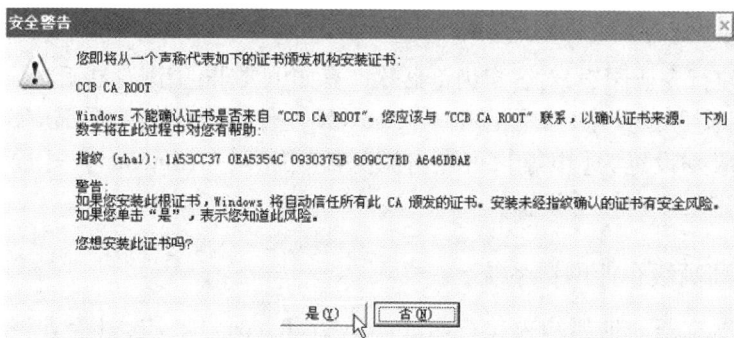

图 6.5 提示安装信息一

图 6.6 提示安装信息二

版",保存至电脑桌面,如图 6.7 所示;并双击启动存放在桌面上的"企业网银签名通安装程序",选下一步,直至完成,如下图 6.8 所示。

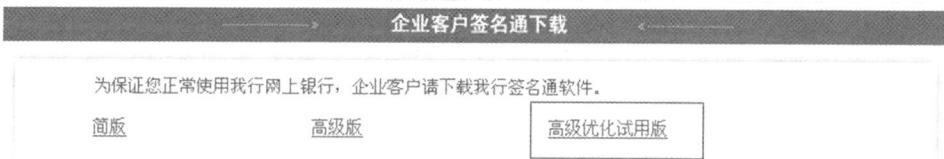

图 6.7 企业客户签名通下载

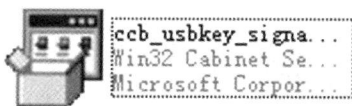

图 6.8 企业网银签名通安装程序

（4）使用建行企业网银的要求

使用建行企业网银，对客户浏览器软件有如下要求：①浏览器版本为 IE5.0 以上；②密钥长度必须为 128 位以上；③ActiveX 控件和插件的选项都应设置为【启用】，安全级别设置为【中等】，可点击浏览器【工具】—【Internet】—【选项】—【安全】—【自定义级别】—【设置】。

2）登陆高级企业网银系统

①在浏览器地址栏输入建行网址：www. ccb. com/hb，点击【企业网上银行登录】，如图 6.9 所示。

图 6.9　建行登录首页

②进入图 6.10 页面后，先插入建行网银盾（USBKEY），点击【企业网银高级版登陆】。

图 6.10　企业网上银行登录页面

③选择高级企业网银证书后,点击【确定】,如图 6.11 所示。

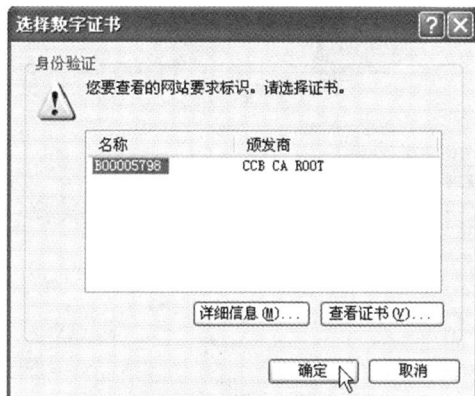

图 6.11　企业网银高级版登录页面

④输入网银盾口令,点击【确定】,如图 6.12 所示。

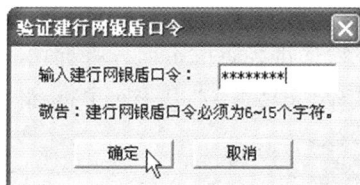

图 6.12　验证信息页面

⑤进入图 6.13 后,系统会自动读出企业网银客户识别号与网银盾对应的【操作员代码】,只需要输入操作员的登录密码,点击【登录】,如图 6.13 所示。

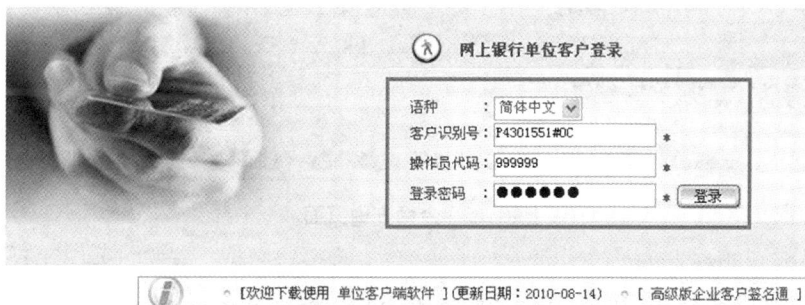

图 6.13　网上银行单位客户登录页面

⑥进入欢迎页面后,点击【确认】,如图6.14所示。

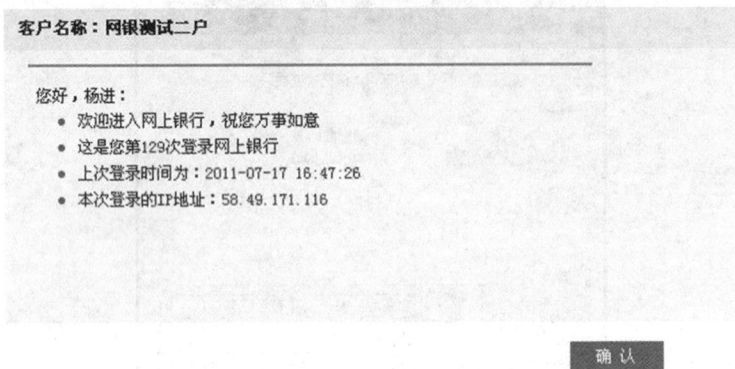

图6.14 欢迎页面

3)如何查询账户余额和明细

登录系统成功后,系统默认进入查询页面。查询功能包括账户信息查询、转账流水查询、异常交易查询、定制交易查询、电子回单查询。

（1）余额查询

选择【查询业务】后点击【账务信息查询】,在想要查询的账户前打钩确认,然后点击【余额查询】,如图6.15所示。

图6.15 余额查询页面

（2）账户明细查询

①选择需查明细的账户,点击【明细查询】按钮,输入起止的时间段,即可查询该账户在该时间段里发生的所有交易情况,包括网上银行及营业网点发生的所有

交易,如图6.16所示。

图6.16　账户明细查询页面一

②还可按交易方向、对方户名、对方账号、金额区间、摘要等条件组合查询,如图6.17所示。

图6.17　账户明细查询页面一

③如有需要,还可以点【下载全部】、【下载当前页】、【打印当前页】按钮,将该账户的当前查询结果下载或直接打印出来,便于对自身账户的管理,如需打印电子回单,请勾选相应的单据,选择【电子回单打印/预览】,如图6.18和图6.19所示。

(3)转账流水查询

①转账流水查询指查询企业通过网上银行办理的所有转账业务流水。选择【查询业务】,点击【转账流水查询】,如图6.20所示。

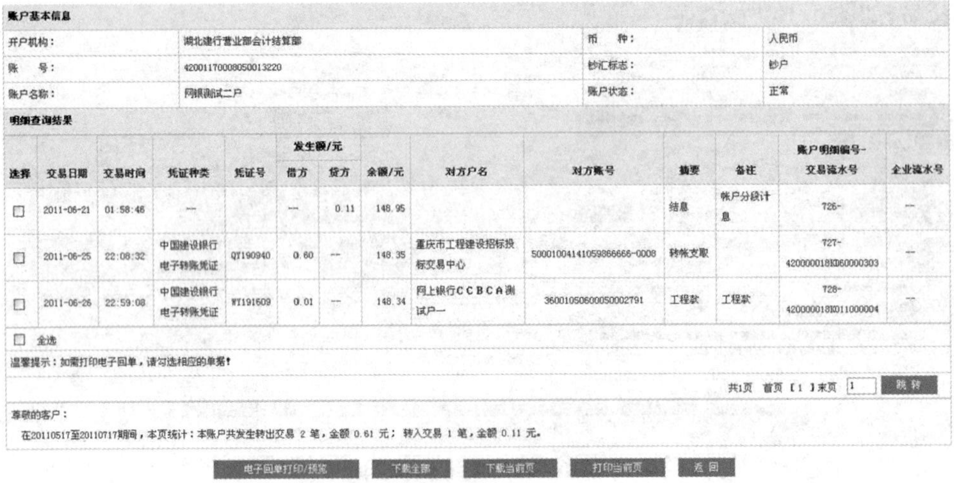

账户基本信息				
开户机构：	湖北建行营业部会计结算部		币　种：	人民币
账　号：	42001170008050013220		钞汇标志：	钞户
账户名称：	网银测试二户		账户状态：	正常

明细查询结果

选择	交易日期	交易时间	凭证种类	凭证号	发生额/元 借方	发生额/元 贷方	余额/元	对方户名	对方账号	摘要	备注	账户明细编号-交易流水号	企业流水号
☐	2011-06-21	01:58:46	——	——	——	0.11	148.95			结息	帐户分段计息	T26-	——
☐	2011-06-25	22:08:32	中国建设银行电子转账凭证	QT190940	0.60		148.35	重庆市工程建设招标投标交易中心	50001004141059866666-0008	转帐支取		T27-42000000184J60000303	——
☐	2011-06-26	22:59:08	中国建设银行电子转账凭证	WT191609	0.01		148.34	网上银行CCBCA测试户一	36001050600050002791	工程款	工程款	T28-42000000184J11000004	——

☐ 全选

温馨提示：如需打印电子回单，请勾选相应的单据！

共1页 首页【1】末页 ☐ 跳转

尊敬的客户：

在20110517至20110717期间，本账户共发生转出交易 2 笔，金额 0.61 元；转入交易 1 笔，金额 0.11 元。

[电子回单打印/预览] [下载全部] [下载当前页] [打印当前页] [返回]

图6.18　打印电子回单页面一

中国建设银行网上银行电子回单

币别：	人民币	日期：	2011-06-25	凭证号：	QT190940	交易流水号：	42000000184J60000303
付款人	全　称	网银测试二户		收款人	全　称	重庆市工程建设招标投标交易中心	
	账　号	42001170008050013220			账　号	50001004141059866666-0008	
	开户行	湖北建行营业部会计结算部			开户行		
大写金额	陆角整			小写金额	￥0.60		
用　途	转帐支取						
钞汇标志	钞户						

重要提示：电子回单可重复打印，如您已通过银行柜台取得相应纸质回单，请注意核对，勿重复记账。

共1条回单记录　共1页 首页【1】尾页 ☐ 跳转

[打印全部回单] [返回]

图6.19　打印电子回单页面二

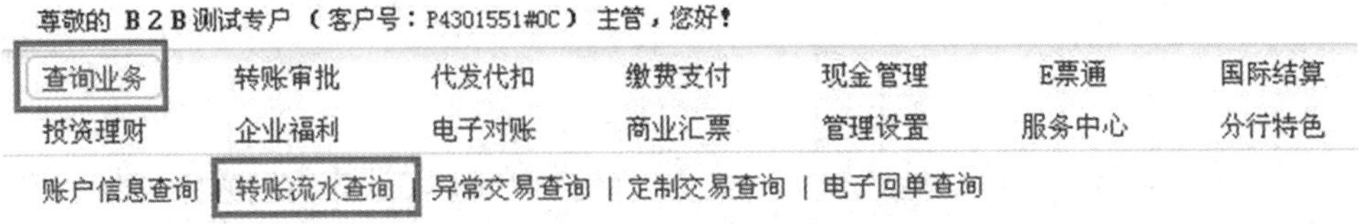

尊敬的 B2B测试专户 （客户号：P4301551#0C） 主管，您好！

查询业务	转账审批	代发代扣	缴费支付	现金管理	E票通	国际结算
投资理财	企业福利	电子对账	商业汇票	管理设置	服务中心	分行特色

账户信息查询 | 转账流水查询 | 异常交易查询 | 定制交易查询 | 电子回单查询

图6.20　转账流水查询页面一

②可以按单据状态、交易金额、凭证号、收款人名称、收款人账号、付款账户等组合条件进行单据查询，如图6.21所示。

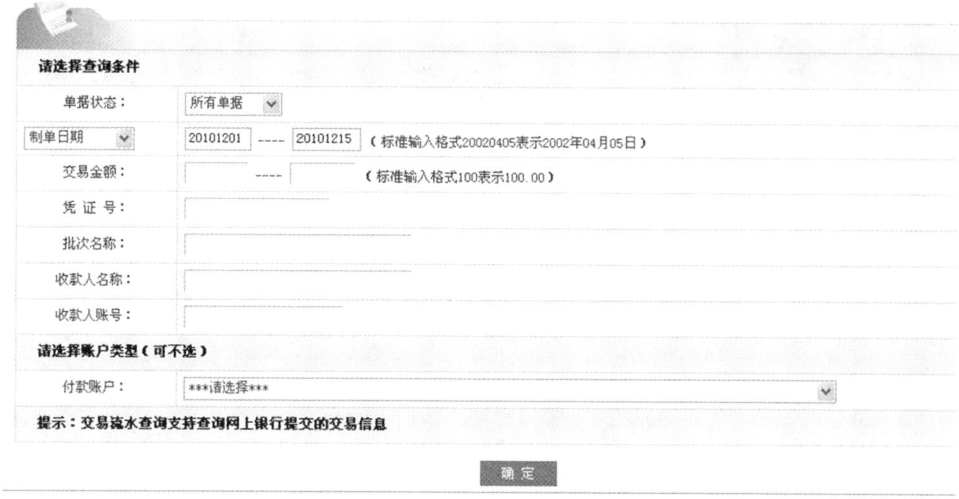

图6.21　转账流水查询页面二

③转账流水查询结果页面,点击记录左边的【详＊＊】可查看单据详细内容。如果记录最右边的【状态】栏显示"银行受理中,请查询",请点击【详＊＊】进行最新状态查询,如图6.22所示。(注:当状态处于"银行受理中,请查询"时,请务必查询该记录是否成功,以避免重复付款。)

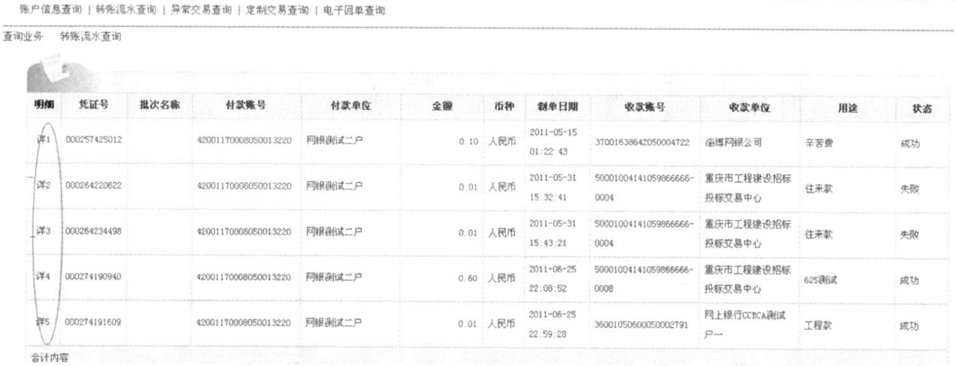

图6.22　转账流水查询结果页面

4)公对公转账制单

点击菜单的【转账制单】,如果为首次向某公司进行转账,点击二级菜单的【自由制单】。如果在自由制单中已将收款账号【保存为常用收款账户】,则再次向该公司转账请点击二级菜单的【快速制单】,如图6.23所示。

| 查询业务 | 转账制单 | 代发代扣 | 缴费支付 | 现金管理 | e商融资 | E票通 | 国际结算 |
| 投资理财 | 社保基金 | 企业福利 | 公务卡 | 电子对账 | 票据业务 | 服务中心 | 分行特色 |

快速制单 ｜ 自由制单 ｜ 跨行实时转账 ｜ 批量付款 ｜ 单笔收款 ｜ 批量收款 ｜ 请领款 ｜ 单据删除 ｜ 单据修改 ｜ 单据复核员变更 ｜ 审批方式变更

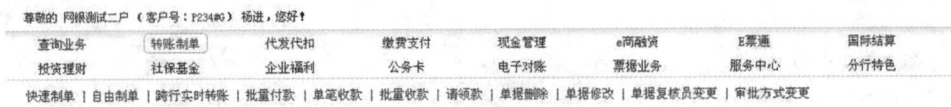

图 6.23　转账制单页面

（1）自由制单

①选择公司付款账号后，再选择收款单位所在银行（提示：在建行开户则选收款单位为建行，在非建行开户的则选收款单位为他行），如图 6.24 所示。

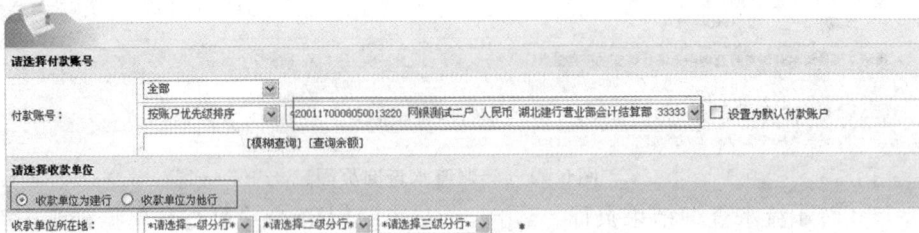

图 6.24　自由制单页面

②如果收款单位为建行，选择【收款单位所在地】，输入【收款账号】、【金额】、【用途】，点击【确定】，如图 6.25 所示。

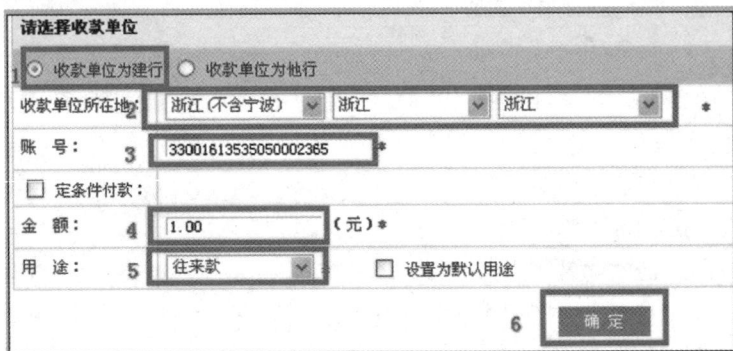

图 6.25　选择收款单位页面一

③如果收款单位开户行为他行，选择【收款单位为他行】，输入【收款单位全称】、【收款单位账号】后，选择【他行名称】、【省】、【市】、【具体开户行】，填入【金额】、【用途】，点击【确定】，如图 6.26 所示。

④如果在【快速选择】中没有找到收款单位对应开户行，则可点击【手工输入】，人工输入收款单位开户行名，如图 6.27 所示。

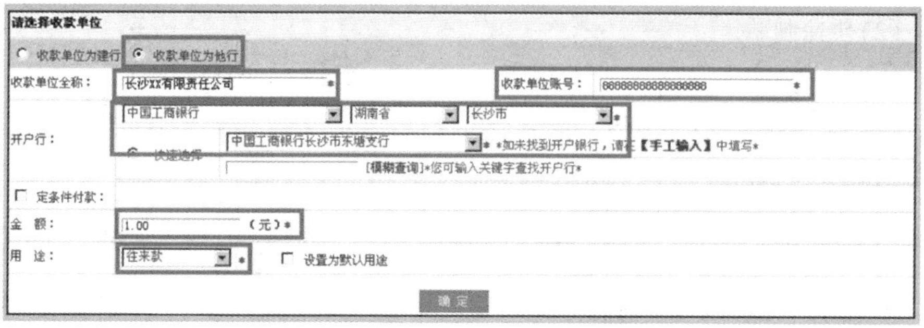

图6.26　选择收款单位页面二

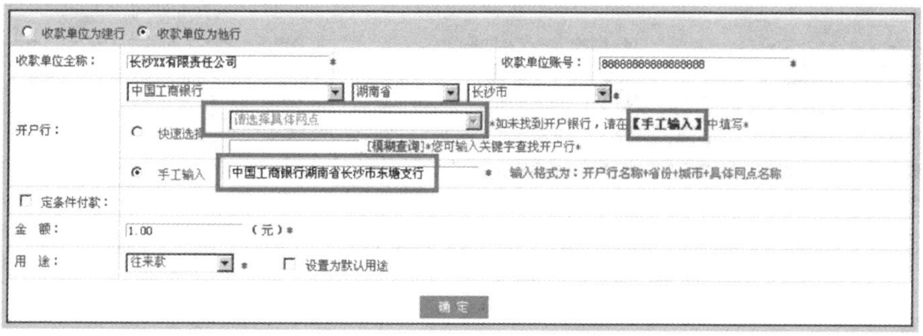

图6.27　手工输入开户行

⑤检查收款单位【全称】、【账号】、【开户行】、【金额】正确无误后,输入制单员的【交易密码】,选择【保存为常用收款账户】,点击【确定】后提交复核(提示:保存为常用收款账户后下次向同一公司转账只要点击【快速制单】,不必重复输入收款人信息),如图6.28所示。

图6.28　完成自由制单页面

（2）快速制单

选择收款单位等操作与自由制单类似，此处不再一一阐述。选择公司付款账号后，在【常用收款账户】中选择收款单位信息，输入转账【金额】与【用途】后，点击【确定】提交复核。

5）删除单据

①点击【转账制单】，选择【单据删除】（提示：只有在下一级复核员未复核成功前才可以进行单据删除，已复核提交银行的单据不能进行单据删除），如图 6.29 所示。

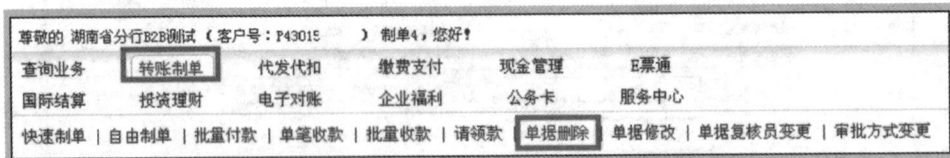

图 6.29　转账制单页面

②选择需删除的单据，输入制单员的交易密码，点击【确定】即可，如图 6.30 所示。

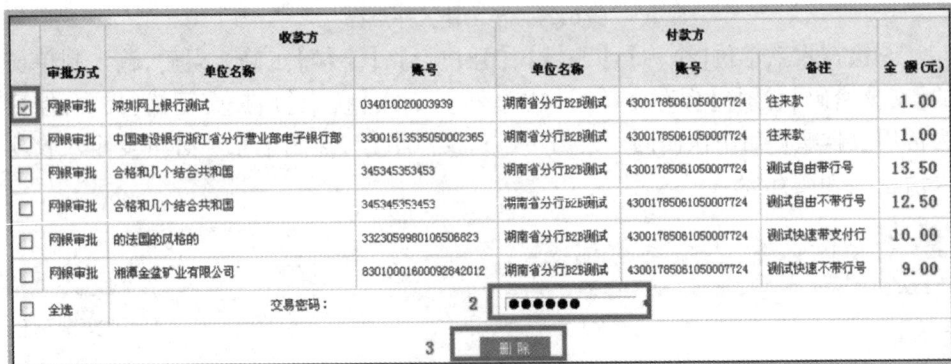

图 6.30　单据删除页面

③单据删除成功，如图 6.31 所示。

6）修改单据

点击【转账制单】（图 6.32），选择【单据修改】（图 6.33），选定需修改的单据，修改完成后输入制单员的交易密码（图 6.34），点击【确定】即可重新提交下级复核员（提示：复核员选择复核不通过后单据才会退回制单员进行修改）。

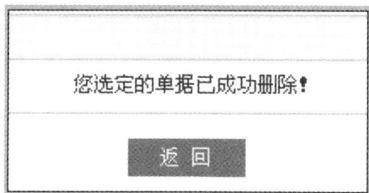

图 6.31　单据删除成功

图 6.32　转账制单页面

图 6.33　单据修改页面一

7）电子对账

（1）电子对账签约开通

①主管登录企业网银点击【电子对账】—【电子对账签约管理】—【开通】进入开通页面，如图 6.35 所示。

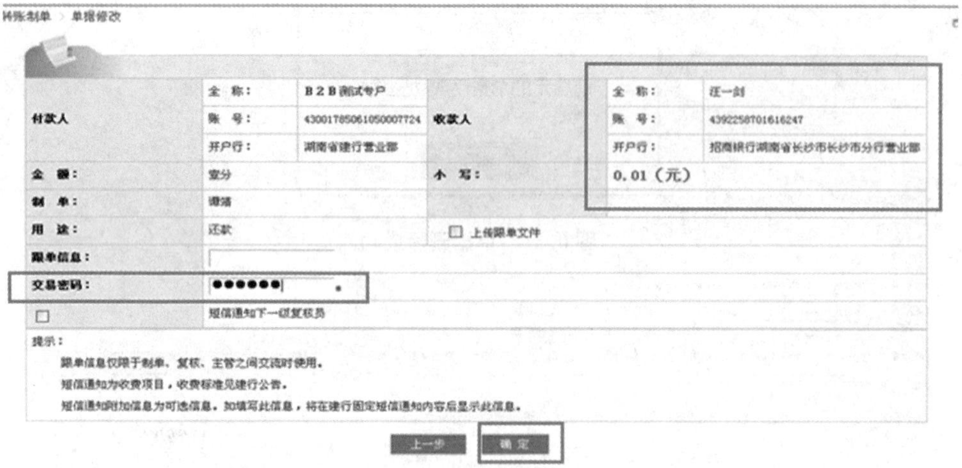

图 6.34　单据修改页面二

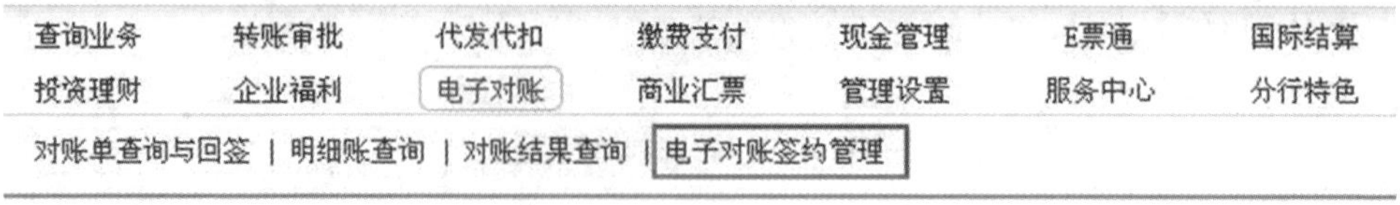

图 6.35　电子对账签约管理页面

②请选择需开通电子对账的账户,勾选【对账频率】,输入相关信息后点击【确定】,开通该账户的电子对账服务。

(2)电子对账网上回签

①进入【对账单查询与回签】页面,选择账户类型(活期、定期、贷款),勾选相应账号,通过"对账单查询起始结束月份或季度"查询需对账的信息,如图 6.36所示。

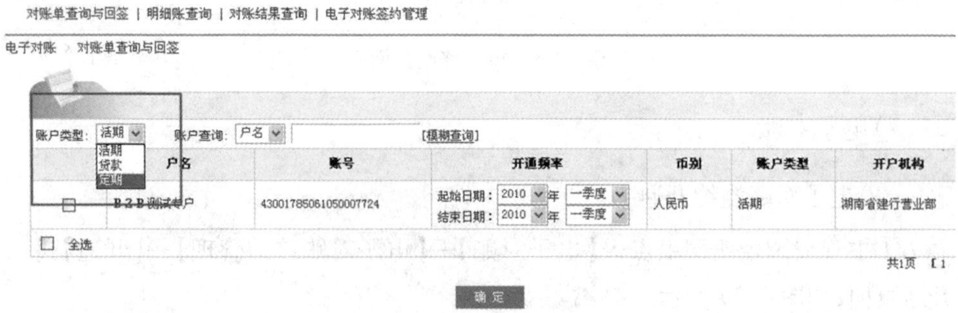

图 6.36　对账单查询与回签页面

②点击【确定】后,进入对账单回签页面,如图6.37所示。

	账户名称	账号	币别	账户类型	对账单编号	对账单生成时间	余额	回签状态	对账单状态
☑	B2B测试专户	43001785061050007724	人民币	活期	101130430000133780	20101130	59.34元	未回签	⦿相符 ○不相符

☑全选

共1页 【1】

提交　　返回

图6.37　对账单回签页面

③若对账相平,选择【相符】—【提交】完成对账,如图6.38所示。

账户名称	账号	币种	对账时间	对账单编号	对账结果
B2B测试专户	43001785061050007724	人民币	20101130	101130430000133780	相符

交易密码: ●●●●●●|

提交　　返回

图6.38　对账单相符页面

④若对账不平,选择【不相符】页面自动跳转至账户明细信息页面,并根据实际情况选择"类型"中的选项,并填入相应的【明细账序号】、【交易日期】、【交易金额】及【凭证号】,输入交易密码及账面余额,提交银行核实返回后,再重新对账回签,如图6.39所示。

账户的明细账信息

币别	唯一编号	交易日期	借方发生额	贷方发生额	凭证号码	摘要	余额	核对
人民币	1011030000000000526	20101103	0.60元	0.00元		自定义	70.22	未回签
人民币	1011180000000000527	20101118	5.88元	0.00元		转帐支取	64.34	未回签
人民币	1011180000000000528	20101118	5.00元	0.00元		手续费	59.34	未回签

共1页

序号	唯一编号	交易日期	发生额	凭证号	摘要	余额	类型	借贷标志	备注
001							我方账上有银行无 ▾	收 ▾	
002							我方账上有银行无 ▾	收 ▾	
003							我方账上有银行无 ▾	收 ▾	
004							我方账上有银行无 ▾	收 ▾	
005							我方账上有银行无 ▾	收 ▾	

《上一页 下

图6.39　对账单不相符页面

项目 7
银行账户的管理

学习目标

◇了解银行账户管理的概述。

◇掌握开立银行账户时所需的表格以及填写方法。

◇了解银行账户的变更、合并、撤销等方式。

◇掌握银行存款的清查。

任务 1　银行账户的管理

7.1.1　银行账户管理的基本原则

根据《银行账户管理办法》的规定,银行账户管理遵守以下基本原则:

①一个基本账户原则。即存款人只能在银行开立一个基本存款账户,不能多头开立基本存款账户。存款人在银行开立基本存款账户,实行由中国人民银行当地分支机构核发开户许可制度。

②自愿选择原则。即存款人可以自主选择银行开立账户,银行也可以自愿选择存款人开立账户。任何单位和个人不得强制干预存款人和银行开立或使用账户。

③存款保密原则。即银行必须依法为存款人保密,维护存款人资金的自主支配权。除国家法律规定和国务院授权中国人民银行总行的监督项目外,银行不代任何单位和个人查询、冻结、扣划存款人账户内存款。

④不垫款原则。银行在办理结算时只负责办理结算双方单位的资金转移,不为任何单位垫付资金。

7.1.2　银行账户的使用

银行账户是各单位与其他单位通过银行办理结算和现金收付的重要工具。为了维护金融秩序,保证各项经济业务的正常开展,各单位应加强对银行账户的使用和管理。依据《银行账户管理办法》,开户单位通过银行账户办理资金收付时,必须做到以下5点:

①认真贯彻执行国家的政策、法令,遵守银行关于信贷、结算和现金管理等方面的规定。在银行对单位账户进行检查时,必须提供账户使用情况的有关资料。

②单位在银行开立的账户,只供本单位业务经营范围内的资金收付,不许出租、出借或转让给其他单位或个人使用。

③各种收付款凭证,必须如实填明款项来源或用途,不得巧立名目,弄虚作假;不得套取现金,套购物资;严禁利用账户搞非法活动。

④各单位在银行的账户必须有足够的资金保证支付,不准签发空头的支付凭证和远期的支付凭证。

⑤及时、正确地记载银行往来账务,并及时与银行寄送的对账单进行核对,发现不符,尽快查对清楚。

7.1.3 开户银行管理的内容

开户银行对账户的管理包括：

①依照规定对开立、撤销账户严格进行审查，对不符合开户条件的，坚决不予开户。

②正确办理开户和销户，建立、健全开销户登记制度。

③建立账户管理档案。

④定期与存款人对账。

⑤及时向人民银行申报存款人开立和撤销账户的情况。

7.1.4 违反账户管理的处罚

根据《银行账户管理办法》和《违反银行结算制度处罚规定》，存款人出租和转让账户的，除责令其纠正外，按规定对该行为发生的金额处以 5% 但不低于 1 000 元罚款，并没收出租账户的非法所得；对未持有开户许可证或已开立基本存款账户的存款人开立基本存款账户以及强拉单位开户的，要限期撤销，并对其处以 5 000 元至10 000 元罚款；开户银行违反规定，对一般存款账户办理现金支付或从单位开立、撤销账户之日起 7 日内未向人民银行申报的，对其处以 2 000 元至 5 000 元罚款。

任务2 银行账户的开立

7.2.1 银行存款账户的种类

现行《银行账户管理办法》规定，存款人可以自主选择银行，银行也可以自愿选择存款人开立账户。任何单位和个人不得干预存款人、银行开立或使用账户。企业存款账户分为基本存款账户、一般存款账户、临时存款账户和专用存款账户。

1）基本存款账户

基本存款账户是指存款人因办理日常转账结算和现金收付需要开立的银行结算账户，任何单位只能开立一个基本存款账户。一个单位只能选择一家银行的一个营业机构开立一个基本存款账户，不得同时开立多个基本存款账户。存款单位的现金支取，只能通过基本存款账户办理。

2）一般存款账户

一般存款账户是指存款人因借款或其他结算需要，在基本存款账户开户银行以外的银行营业机构开立的银行结算账户,但需在基本存款账户上登记。根据规定,只要存款人具有借款或其他结算需要,都可以申请开立一般存款账户。要强调的是,一般存款账户不能在存款人基本存款账户的开户银行(指同一营业机构)开立。该账户可以办理现金缴存,但不得办理现金支取。

3)专用存款账户

按照法律、行政法规和规章的规定,存款人具有特定用途需专项管理的资金,要纳入专用存款账户使用和管理。为体现专户存储、专项管理、专款专用、专业监督的指导思想,适应新经济形势下国家对各类特定用途的资金专项管理的要求,对纳入专用存款账户管理的资金的明确规定如下:

①按国家法律、法规、规章和国务院的有关规定需要专项管理的资金,如预算外资金、粮棉油收购资金、基本建设资金、更新改造资金、社会保障资金等,必须纳入专用存款账户使用和管理。

②具有专项投资用途的资金,如证券交易结算资金、信托基金、政策性房地产开发资金等,为加强其使用和管理,保障投资人利益,一并纳入专用存款账户管理。

③其他需要专设账户管理的资金,如金融机构存放同业资金、党团工会的组织机构经费等,也纳入专用存款账户管理。

4)临时存款账户

临时存款账户是指存款人因临时需要并在规定期限内使用而开立的银行结算账户,临时存款账户最长使用年限不超过两年。有下列情况的,存款人可以申请开立临时存款账户:①设立临时机构;②异地临时经营活动;③注册验资。

存款人为临时机构的,只能在其驻地开立一个临时存款账户,不得开立其他银行结算账户。存款人在异地从事临时活动的,只能在其临时活动地开立一个临时存款账户。建筑施工及安装单位企业在异地同时承建多个项目的,可根据建筑施工及安装合同开立不超过项目合同个数的临时存款账户。临时存款账户的有效期最长不得超过两年。

7.2.2　基本存款账户的开立

1)企业选择基本存款账户的条件

(1)单位与银行是否就近

企业与银行距离近、交通方便,一方面有利于办理现金业务时相对安全;另一方面又可以节省路途时间,提高工作效率。

(2)银行服务设施和开办的业务是否先进齐全

结算手段先进的银行,如通汇网点多、电子化水平高、开通全国电子联行业务等,可以减少资金在途时间,增强资金的利用率。结算手段丰富的银行有利于异地结算的快速办理,能够办理一般存款业务和结算业务之外,诸如贴现、转贴现、银行承兑汇票、担保、融资租赁等业务的银行,则有可能使企业通过持有的远期票据提前获得资金或设备。

(3)银行信贷资金是否雄厚

能够在企业资金困难时期提供一定的贷款支持,经营业绩好的银行,将资金存入这样的银行可以降低资金的风险,而且可以在缺少资金时获得贷款。

2)企业基本存款账户的开立

(1)基本存款账户的当事人资格条件

根据《银行账户管理办法》的规定,下列存款人可以申请开立基本存款账户:①企业法人;②企业法人内部单独核算的单位;③管理财政预算资金和预算外资金的财政部门;④实行财政管理的行政机关、事业单位;⑤县级(含)以上军队、武警单位;⑥外国驻华机构;⑦社会团体;⑧单位附设的食堂、招待所、幼儿园;⑨外地常设机构;⑩私营企业、个体经济户、承包户和个人。

(2)基本存款账户开立所需的证明文件

①企业应提交当地工商行政管理部门核发的《企业法人执照》或《营业执照》正本。

②提交经公安部门批准刻制的与营业执照名称完全相同的公章和财务专用章。

③企业法人名章、财务负责人名章以及出纳人员名章。

④当地计量部门办理的代码证。有的地方还要求提交税务部门核发的税务登记证。机关、事业单位开户应有中央或地方编制委员会、人事、民政等部门的批文。个人开户要有居民身份证或户口簿。

(3)基本存款账户开立的程序

存款人申请开立基本存款账户的,应填制开户申请书(表7.1),提供相应的开户证明(表7.2),同时提供规定的证件,送交盖有存款人印章的印鉴卡片(表7.3),经银行审核同意,并凭中国人民银行当地分支机构核发的开户许可证(表7.4),即可开立该账户。

表 7.1　银行开户申请书

××银行开户申请书

存款人名称			电　话		
地址			邮　编		
存款人类别	单位	组织机构代码			
法定代表人或单位负责人	姓名				
	证件种类		证件号码		
行业分类	A( )B( )C( )D( )E( )F( )G( )H( )I( )J( )K( )L( )M( )N( ) O( )P( )Q( )R( )S( )T( )				
注册资金			地区代码		
经营范围					
证明文件种类			证明文件编号		
税务登记证（国税和地税）编号					
关联企业名称					
账户性质	基本（ ）　　　一般（ ）　　　专用（ ）　　　临时（ ）				
资金性质		有效期至		年　　月　　日	
以下为存款人上级法人或主管单位信息					
上级法人或主管单位信息					
主管存款账户开户许可证核准号		组织机构代码			
法定代表人或单位负责人	姓名				
	证件种类				
	证件号码				
本存款人申请开立单位银行结算账户，并承诺所提供的开户资料真实、有效。 存款人（公章） 年　月　日		开户银行审核意见： 经办人（签章） 银行（签章） 年　月　日		人民银行审核意见： （非核准类账户除外） 经办人（签章） 人民银行（签章） 年　月　日	

表7.2 账户开户证明

```
兹同意
在中国××银行××市分行××办事处
开设基本存款账户。

                              批准单位公章

                                          ×年×月×日
```

表7.3 印鉴卡片

××银行××分行××支行印鉴卡

户名			
地址		电话	
启用日期	年　　月　　日		
申请开户单位印鉴		××银行印鉴	
单位财务专用章	财务主管	签章	
	出纳人员	签章	
印鉴使用说明			

表7.4 开户许可证

```
                开 户 许 可 证

核准号：J4200001638805            编　号：4201-00054867

经审核，北京市中环电器公司　符合开户条件，准予开立基本存款账户。

法定代表人（单位负责人）万平　开户银行工行北京长安里支行

账号：81451058675081002

                              发证机关（盖章）

                              2007年8月15日
```

134

①企业填写开户申请表。有关栏目填写说明:

a.存款人名称:填写单位全称。

b.地址:按营业执照地址填写。

c.组织机构代码:填写本单位组织机构代码证上的代码。

d.法定代表人或单位负责人:企业董事长或单位第一领导人。

e.证件种类:填写身份证。

f.地区代码:按银行公布的地区代码填写。

g.注册资金:按营业执照注册资金填写。

h.证明文件种类:填写营业执照或登记证、批文。

i.税务登记证编号:填写国税和地税登记证编号。

j.关联企业名称:填写与本企业有利益关联的企业,如母公司、子公司、同一母公司下的子公司。

k.账户性质:在所要开立的账户后括号内打钩。

l.资金性质:开立专用存款账户时填写所存资金的用途。

m.有效期:开立临时存款账户时填写到期的时间。

n.上级法人或主管单位信息:填写上级法人或主管单位的信息。

o.存款人(公章):加盖单位行政公章。

②开设账户证明,如表7.2所示。

③送交印鉴卡片。印鉴卡片是由银行签发的,单位财务盖章的卡片,包括户名、地址、电话、启用日期、申请开户单位印鉴、银行印鉴及印鉴使用说明等内容。需要特别说明的是,印鉴卡片上填写的户名必须与单位名称一致,同时要加盖开户单位公章、单位负责人或财务机构负责人印章、出纳人员印章三颗图章。它是单位与银行事先约定的一种具有法律效力的付款依据,银行在为单位办理结算业务时,凭开户单位在印鉴卡片上预留的印鉴审核支付凭证的真伪。如果支付凭证上加盖的印章与预留的印鉴不符,银行就可以拒绝办理付款业务,以保障开户单位款项的安全。

④开户许可证。银行对企业报送的开户资料进行审核,复核开户条件的,予以核准并打印银行开户许可证,由开户银行交给企业。不符合开户条件的,出具审核意见,连同开户资料一并退回。

⑤开立账户。

7.2.3 一般存款账户的开立

1)一般存款账户设置的条件和所需证明文件

根据《银行账户管理办法》的规定,下列情况的存款人可以申请开立一般存款账户,并须提供相应的证明文件:①在基本存款账户以外的银行取得借款的单位和个人可以申请开立该账户,并须向开户银行出具借款合同或借款借据;②与基本存款账户的存款人不在同一地点的附属非独立核算单位可以申请开立该账户,并须向开户银行出具基本存款账户的存款人同意其附属的非独立核算单位开户的证明。

2)一般存款账户设置的程序

存款人申请开立一般存款账户的,应填制开户申请书,提供相应的证明文件,送交盖有存款人印章的印鉴卡片,经银行审核同意后,即可开立该账户。

7.2.4 专用存款账户的开立

1)专用存款账户设置的条件

根据《银行账户管理办法》的规定,存款人对特定用途的资金,由存款人向开户银行出具相应证明即可开立该账户。特定用途的资金范围包括:基本建设的资金;更新改造的资金;其他特定用途,需要专户管理的资金。

2)所需提供的证明文件

存款人须向开户银行出具下列证明文件之一:①经有关部门批准立项的文件;②国家有关文件的规定。

3)专用存款账户开立的程序

存款人申请开立专用存款账户,应填制开户申请书,提供相应的证明文件,送交盖有存款人印章的印鉴卡片,经银行审核同意后开立账户。

7.2.5 临时存款账户的开立

1)临时存款账户设置的条件和所需的证明文件

根据《银行账户管理办法》的规定,下列存款人可以申请开立临时存款账户,并须提供相应的证明文件:①外地临时机构可以申请开立该账户,并须出具当地工商行政管理机关核发的临时执照;②临时经营活动需要的单位和个人可以申请开立该账户,并须出具当地有关部门同意设立外来临时机构的批件。

2)临时存款账户开立的程序

存款人申请开立临时存款账户,应填制开户申请书,提供相应的证明文件,送交盖有存款人印章的印鉴卡片,经银行审核同意后,即可开设此账户。

任务 3 银行账户的变更、合并、迁移及撤销

7.3.1 银行账户的变更

1)变更的情形

变更是指存款人的账户信息资料发生变化。账户变更事由主要有以下 8 种情形:

①存款人名称的变更。

②单位法定代表人的变更。

③主要负责人的变更。

④住址的变更。

⑤组织机构代码的变更。

⑥证明文件种类及证明文件编码、邮政编码、电话的变更。

⑦经营范围的变更。

⑧注册资金币种及其金额等其他开户资料的变更。

2)变更的要求

根据账户管理的要求,存款人变更账户名称、单位的法定代表人或主要负责人、地址等其他开户资料后,应及时向开户银行办理变更手续,填写变更银行结算账户申请书。属于申请变更单位银行结算账户的,应加盖单位公章;属于申请变更个人银行结算账户的,应加盖其个人签章。

①存款人更改名称,但不改变开户银行及账号的,存款人应该在 5 个工作日内向开户银行提出变更申请和有关部门证明文件,开户银行将相关资料在两个工作日内报送给中国人民银行当地分支行,中国人民银行当地分支行进行审查,经过审查符合条件的,下达核准通知书,且收回存款人原有许可证,同时核发新的许可证;经过审查不符合的,不予核准变更。

②单位的法定代表人或主要负责人、住址以及其他开户资料发生变更时,存款人应该在5个工作日内向开户银行发出书面通知和提供有关证明,开户银行在收到相关证明文件的两个工作日内,将相关证明文件提交给中国人民银行,中国人民银行审查后决定核准与否。

③属于变更开户许可证记载事项的,存款人办理变更手续时,应交回开户许可证,由中国人民银行当地分支行换发新的开户许可证。

7.3.2　银行账户的合并

各单位因机构调整等原因,需要合并账户的,应向银行提出申请,经银行同意后,首先要同开户银行核对存贷款户的余额并结算全部利息,全部核对无误后开出支取凭证结清余额,同时将未用完的各种重要空白凭证交给银行注销,然后才可办理合并手续。

7.3.3　银行账户的迁移

单位发生办公或经营地点搬迁时应到银行办理迁移账户手续。如果迁入迁出在同一城市,可以凭迁出行出具凭证到迁入行开立新户,搬迁异地应按规定向迁入银行重新办理开户手续。在搬迁过程中,如需要可要求原开户银行暂时保留原账户,但在搬迁结束已在当地恢复经营活动时,则应在一个月内到原开户银行结清原账户。

7.3.4　银行账户的撤销

撤销是指存款人因开户资格或其他原因终止银行结算账户使用的行为。存款人申请撤销银行结算账户时,应填写撤销银行结算账户申请书。属于申请撤销单位银行结算账户的,应加盖单位公章;属于申请撤销个人银行结算账户的,应加盖其个人签章。银行在收到存款人撤销银行结算账户的申请后,对于符合销户条件的,应在两个工作日内办理撤销手续。

存款人撤销银行结算账户,必须与开户银行核对银行结算账户存款余额,交回各种重要空白票据及结算凭证和开户许可证,银行核对无误后方可办理销户手续。

有下列情形之一的,存款人应向开户银行提出撤销银行结算账户的申请:

①被撤并、解散、宣告破产或关闭的。

②注销、被吊销营业执照的。

③因迁址需要变更开户银行的。

④其他原因需要撤销银行结算账户的。

存款人有以上第①、②条情形的,应于 5 个工作日内向开户银行提出撤销银行结算账户的申请。撤销银行结算账户时,应先撤销一般存款账户、专用存款账户、临时存款账户,将账户资金转入基本存款账户后,方可办理基本存款账户的撤销;银行得知存款人有第①、②条情形的,存款人超过规定期限未主动办理撤销银行结算账户手续的,银行有权停止其银行结算账户的对外支付行为。存款人因以上第③、④条情形撤销基本存款账户后,要重新开立基本存款账户的,应在撤销其原基本存款账户后 10 内申请重新开立基本存款账户。

任务 4　银行存款的清查

7.4.1　银行存款清查的内容

银行存款的清查,是采用与开户银行核对账目的方法进行的,即将本单位的银行存款日记账与开户行转来的对账单(表 7.5)逐笔进行核对,检查账账是否相符。银行存款日记账的核对主要包括两点内容:一是银行存款日记账与银行存款收、付款凭证互相核对,做到账证相符;二是银行存款日记账与银行存款总账相互核对,做到账证相符。

表 7.5　银行存款对账单

银行客户存款对账单

账号:　　　　　　　户名:　　　　　　　上期余额:
年份:　　年　　　　　　　　　　　　　　单位:　　元

日　期	凭证种类	凭证号	摘　要	借方发生额	贷方发生额	余　额

1)账证核对

收付凭证是登记银行存款日记账的依据,账目和凭证应该是完全一致的,但是在记账过程中,由于各种原因,往往会发生重记、漏记,记错方向或记错数字等情况。账证核对主要按照业务发生的先后顺序一笔一笔地进行,检查项目主要包括:

①核对凭证的编号。

②检查记账凭证与原始凭证是否完全相符。

③查对账证金额与方向的一致性。

检查中发现差错,要立即按照规定方法更正,以确保账证完全一致。

2）账账核对

银行存款日记账是根据收付凭证逐项登记的，银行存款总账是根据收付凭证汇总登记的，记账依据是相同的，记录结果应一致，但由于两种账簿是不同人员分别记账的，而且总账一般是汇总登记的，在汇总和登记过程中，都有可能发生差错。日记账是一笔一笔地登记，记录次数多，难免会发生差错。平时经常核对两账的余额，每月了结账后，总账各科目的借方发生额、贷方发生额以及月末余额都已试算平衡，一定还要将其分别同银行存款日记账中的本月收入合计数、支出合计数和余额相互核对。如果不符，应先查出差错在哪一方，如果借方发生额出现差错，应查找银行存款收款凭证和银行存款收入一方的账目；反之，则查找银行存款付款凭证和银行存款付出一方的账目。找出差错，应立即加以更正，做到账账相符。

3）账实核对

企事业单位在银行中的存款实有数是通过"银行对账单"来反映的，所以账实核对是银行存款日记账定期与"银行对账单"核对，至少每月一次，这是出纳人员的一项重要日常工作。

理论上讲，"银行存款日记账"的记录对银行开出的"银行存款对账单"无论是发生额，还是期末余额都应是完全一致的，因为它是同一账号存款的记录，但是通过核对，会发现双方的账目经常出现不一致的情况，原因有两个：一是双方账目可能发生记录或计算上的错误。如单位记账时漏记、重记，银行对账单串户等，这种错误应由双方及时查明原因，予以更正。二是有"未达账项"。"未达账项"是指由于期末银行估算凭证传递时间的差异，而造成的银行与开户单位之间一方入账，另一方尚未入账的账项。无论是记录有误，还是有"未达账项"，都要通过单位银行存款日记账的记录与银行开出的"银行存款对账单"进行逐笔核对才能发现。

特别提示

核对的具体做法是出纳人员根据银行提供的"对账单"同自己的"银行存款日记账"进行核对。核对时，需要对凭证的种类、编号、摘要、记账方向、金额、记账日期等内容进行逐项核对，凡是对账单与银行存款日记账记录内容相同的可用"√"在对账单和日记账上分别标示，以查明该笔业务核对一致；若有"未达账项"，应编制"银行存款余额调节表"进行调节，使双方余额相等。

7.4.2　未达账项的业务处理

1）产生未达账项的原因

在清查中,常常发现银行对账单上的余额与企业银行存款日记账上的余额不一致。究其原因,一是由于某一方记账有错误;二是存在未达账项。所谓未达账项是指企业与银行之间对同一项经济业务,由于取得凭证的时间不同,导致记账时间不一致,即发生的一方已取得结算凭证登记入账,另一方由于尚未取得结算凭证还未入账的款项。产生未达账项的原因有以下4种情况:

（1）企业已收,银行未收款

企业已收,银行未收款即企业已作了收款的账务处理,银行还未作处理。例如企业收到转账支票送存银行后,登记银行存款增加,而银行由于还未收妥该笔款项,尚未记账,因而形成企业已收款入账,而银行尚未收款入账的情况。

（2）企业已付,银行未付款

企业已付,银行未付款即企业已作了付款的账务处理,银行还未作处理。例如企业开出支票支付某笔款项,并根据有关单据登记银行存款减少,而此时银行由于尚未接到该笔款项支付的凭证,未记减少,因而形成企业已付款记账,而银行尚未记账的情况。

（3）银行已收,企业未收款

银行已收,企业未收款即银行已作了收款的账务处理,企业还未作处理。例如银行代企业收入一笔外地汇款,银行已记存款增加,而企业由于尚未收到汇款凭证,未记增加,因而形成银行已收款入账,企业尚未收款入账的情况。

（4）银行已付,企业未付款

银行已付,企业未付款即银行已作了付款的账务处理,企业还未作处理。例如银行代企业支付某种费用,银行已记存款减少,而企业尚未接到有关凭证,未记减少,因而形成银行已付款记账,企业尚未付款记账的情况。

上述任何一种未达账项的存在,都会使企业银行存款日记账余额与银行对账单余额不一致。出现上述第一种和第四种情况,会使企业银行存款日记账的账面余额大于银行对账单余额;出现上述第二种和第三种情况则会使企业银行存款日记账的账面余额小于银行对账单余额。因此,在与银行核对对账单时,应首先检查是否存在未达账项,如确有未达账项存在,即编制"银行存款余额调节表",待调整后,再确定企业与银行之间记账是否一致,双方账面余额是否相符。

2）查找未达账项

一般的手工核对手上都有企业对账单和银行对账单，具体操作如下：

（1）核对上月

上月未达账项中已经入账的项目，在本月相应的企业对账单和银行对账单上勾去，不再记入调节表。

（2）核对本月

将两账单中的相同数额勾去（企业对账单借方对应银行对账单贷方）。

（3）修改错误

将找出的未达账项录入调节表，之后检查企业账单记账时是否有银行存款入错行、科目记录颠倒、数额误差等错误，如果有，则在企业账单中进行修改，并修正对账单中的单位账面余额。

（4）核对下月

在下个月的企业对账单和银行对账单中，查找是否有本月未达账项入账，若有，则在本月调节表中记录其凭证号或银行账单号，已经记录的未达账项在下个月不作调整。

3）调整未达账项

由于未达账项的产生是因为企业与银行存款取得结算凭证的时间不同，造成登记入账的时间差异，因此对未达账项可以通过编制银行存款余额调节表进行调节。

（1）银行存款余额调节表编制方法

银行存款余额调节表，是在银行对账单余额与企业账面余额的基础上，各自加上对方已收、本单位未收账项数额，减去对方已付、本单位未付账项数额，以调整双方余额使其一致的调节方法。

银行存款余额调节表的编制方法有 3 种，其计算公式如下：

企业账面存款余额 = 银行对账单存款余额 + 企业已收而银行未收账项 − 企业已付而银行未付账项 + 银行已付而企业未付账项 − 银行已收而企业未收账项

银行对账单存款余额 = 企业账面存款余额 + 企业已付而银行未付账项 − 企业已收而银行未收账项 + 银行已收而企业未收账项 − 银行已付而企业未付账项

银行对账单存款余额＋企业已收而银行未收账项－企业已付而银行未付账项＝企业账面存款余额＋银行已收而企业未收账项－银行已付而企业未付账项

通过核对调节，"银行存款余额调节表"上的双方余额相等，一般可以说明双方记账没有差错。如果经调节仍不相等，要么是未达账项未全部查出，要么是一方或双方记账出现差错，需要进一步采用对账方法查明原因，加以更正。调节相等后的银行存款余额是当日可以动用的银行存款实有数。对于银行已经划账，而企业尚未入账的未达账项，要待银行结算凭证到达后，才能据以入账，不能以"银行存款调节表"作为记账依据。

（2）编制银行存款余额调节表

银行存款余额调节表的编制方法有多种，常用的是补记式。该补记法是企业与银行都在本身账面余额的基础上，补记上对方已记账，而本身尚未记账的未达账项，登记后看双方余额是否一致。如调整后余额相等，则说明双方记账无错，否则说明双方记账有误，应进一步查找。

【例7.1】A企业2013年12月31日银行存款日记账的余额为186 900元，银行对账单余额为175 700元，经逐笔核对后，发现未达账项如下：

①企业收到转账支票一张46 500元，企业已入账，银行尚未入账。

②银行代扣本企业电话费12 800元，银行已入账，企业尚未入账。

③企业开出转账支票购买材料14 600元，企业已入账，银行尚未入账。

④某商场汇入本企业购货款33 500元，银行已入账，企业尚未入账。

根据上述资料编制银行存款余额调节表（表7.6）。

表7.6　银行存款余额调节表

银行存款余额调节表			
银行存款日记账	186 900	银行对账单	175 700
加:银收企未收	33 500	加:企收银未收	46 500
减:银付企未付	12 800	减:企付银未付	14 600
调整后银行存款日记账金额	207 600	调整后银行对账单金额	207 600

需说明的是，该调节表只起调节试算企业与银行之间账目是否相符的作用，而

不能作为调整账面余额的凭证,不能据此更正账面记录。调节后,如果双方余额相等,一般可以认为双方记账没有差错。调节后双方余额仍然不相等时,原因还是两个,要么是未达账项未全部查出,要么是一方或双方账簿记录还有差错。无论是什么原因,都要进一步查清楚并加以更正,一定要到调节表中双方余额相等为止。调节后的余额既不是企业银行存款日记账的余额,也不是银行对账单的余额,它是企业银行存款的真实数字,也是企业当日可以动用的银行存款的极大值。

项目 8
其他事项

学习目标

◇了解会计档案的归档与保存。

◇了解出纳相关工作交接的程序。

◇了解企业的工商操作等知识。

任务 1　会计档案的归档与保管

8.1.1　会计档案内容

会计档案是指会计凭证、会计账簿和财务报告等会计核算专业材料,是记录和反映单位经济业务的重要史料和证据。会计核算是对会计对象进行连续、系统、完整的记录和计算。一个年度会计核算工作结束,它所产生的材料——凭证、账簿和财务报告即是会计档案。需要注意的是,会计部门形成的材料很多,只有会计专业核算材料才是会计档案。财会部门经办的有关财会工作的方针、政策、制度、预算、预算指标、计划、工作总结、报告以及来往文书都不属于会计档案的归档范围,应按照文书档案管理办法执行。

《会计法》规定,"各单位对会计凭证、会计账簿、财务会计报告和其他会计资料应建立档案,妥善保管。会计档案的保管期限和销毁办法,由国务院财政部门会同有关部门制定。"因此,法律的主要依据是《会计档案管理办法》,由国务院财政部门和国家档案局会同制定。

8.1.2　会计档案的特点

与文书档案、科技档案相比,会计档案有它自身的特点,主要表现在 3 个方面:

1)形成范围广泛

凡是具备独立会计核算的单位,都要形成会计档案。这些单位有国家机关、社会团体、企业、事业单位以及按规定应当建账的个体工商户和其他组织。一方面,会计档案在社会的各领域无处不有,形成普遍;另一方面,会计档案的实体数量也相对其他门类的档案数量更多一些。尤其是在企业、商业、金融、财政、税务等单位,会计档案不仅是反映这些单位的职能活动的重要材料,而且产生的数量也大。

2)档案类别稳定

社会上会计工作的种类繁多,如有工业会计、商业会计、银行会计、税收会计、总预算会计、单位预算会计等,但是会计核算的方法、工作程序以及所形成的会计核算材料的成分是一致的,即会计凭证、会计账簿、财务报告等。会计档案内容成分的稳定和共性,是其他门类档案无可比拟的,它便于整理分类,有利于管理制度的制定和实际操作的规范、统一。

3)外在形式多样

会计专业的性质决定了会计档案形式的多样化。会计账簿,有订本式、活页式、卡片式之分。财务报告由于有文字、表格、数据而出现了 16 开或 8 开的纸张规格以及计算机打印报表等。会计凭证在不同行业,外形更是大小各异,长短参差不齐。会计档案的这个外形多样的特点,要求在会计档案的整理和保管方面,不能照搬照抄管理其他门类档案的方法,而是要从实际出发,防止"一刀切"。

8.1.3 会计档案的作用

会计档案是会计活动的产物,是记录和反映经济活动的重要史料和证据,其重要作用表现在以下 3 个方面:

①会计档案是总结经验、揭露责任事故、打击经济领域犯罪、分析和判断事故原因的重要依据。

②利用会计档案提供的过去经济活动的史料,有助于各单位进行经济前景的预测,进行经营决策、编制财务、成本计划。

③利用会计档案资料,可以为解决经济纠纷、处理遗留的经济事务提供依据。

特别提示

会计档案在经济学的研究活动中,发挥着重要史料价值的作用。各单位必须加强对会计档案管理工作的领导,建立会计档案的立卷、归档、保管、查阅和销毁等管理制度,保证会计档案妥善保管、有序存放、方便查阅,严防损毁、散失和涉密。

8.1.4 会计档案的分类

1)会计凭证类

会计凭证是指用来记录经济业务,明确经济责任,作为经济依据的书面证明文书。包括原始凭证、记账凭证、汇总凭证和其他会计凭证,如表 8.1—8.4 所示。

表 8.1 凭证封面

表8.2 收款凭证

收 款 凭 证

字 第 号

借方科目：			年 月 日			附件 张									
摘 要	贷方科目		过账	金 额											
	总账科目	明细科目		亿	千	百	十	万	千	百	十	元	角	分
合 计														

表8.3 付款凭证

付 款 凭 证

字第 号

贷方科目：			年 月 日			附件 张									
摘 要	借方科目		过账	金 额											
	总账科目	明细科目		亿	千	百	十	万	千	百	十	元	角	分
合 计														

表8.4 记账凭证

记 账 凭 证

字第 号

			年 月 日			附件 张									
摘 要	会计科目		过账	金 额											
	总账科目	明细科目		亿	千	百	十	万	千	百	十	元	角	分
合 计														

2）会计账簿类

会计账簿是指由固定格式账页所组成,以会计凭证为依据,全面系统科学地记录和反映各项经济业务的会计簿籍。包括总账、明细账、日记账、固定资产卡片、辅助账簿和其他会计账簿,如图8.1所示。

图8.1　会计账簿

3）财务报告类

财务报告是指用统一的货币计量单位,以账簿记录为主要依据,按规定的表格形式,定期总括地反映核算单位在一定时期经济活动和财务状况的报告文件。包括月度、季度、年度财务报告,会计报表、附表、附注及文字说明,其他财务报告。

4）其他类

其他类包括银行存款余额调节表,银行对账单,其他应当保存的会计核算专业资料,会计档案移交清册,会计档案保管清册,会计档案销毁清册。各公司应建立会计档案的立卷、归档、保管、查阅和销毁等管理制度,保证会计档案妥善保管、有序存放、方便查阅,严防毁损、散失和泄密。

8.1.5 会计档案机构

1)综合档案室

综合档案室,是国家机关或企事业单位建立的一种负责收集和保管本单位各种门类档案的内部性档案管理机构。综合档案室统管本单位党政工团、科技、会计、经营等方面的全部档案。

2)会计档案室

会计档案室,是形成会计档案较多的单位建立在财会部门的专门性会计档案机构。有些大型或特大规模的企业,为加强对会计档案的集中统一管理,将所属机构的会计档案有效集中起来保管,以保证会计档案的齐全、系统、有序、得当,需要建立专门的会计档案室。

8.1.6 会计档案的整理

会计档案的整理工作,就是将零散的和需要进一步条理化的会计文件,通过科学的分类、组合、立卷、排列和编号,组成一个有序的过程,依照会计工作的基本环节,进行科学的分类整理。同一全宗的会计档案应按年度分开整理,不应跨年度;对跨年度的决算报表等,可放入针对内容年度里。归档文件材料的收集要完整齐全,有头有尾。对打印输出的会计档案,财务主管要签字、盖章。

1)会计凭证的整理

(1)会计凭证的装订

凭证装订是每一个会计人员必备的一项会计技能,会计凭证记账后,应及时装订。装订的范围包括原始凭证、记账凭证、科目汇总表、银行对账单等。科目汇总表的工作底稿也可以装订在内,作为科目汇总表的附件。使用计算机的企业,还应将转账凭证清单等装订在内。

①凭证装订前的准备工作。

a.分类整理,按顺序排列,检查日数、编号是否齐全。

b.按凭证汇总日期归集(如按上、中、下旬汇总归集),确定装订成册的本数。

c.摘除凭证内的金属物(如订书钉、大头针、回形针),对大的张页或附件要折叠成同记账凭证大小,且要避开装订线,以便翻阅,保持数字完整。

d.整理检查凭证顺序号,如有颠倒要重新排列,发现缺号要查明原因。再检查附件有无漏缺,领料单、入库单、工资、奖金发放单是否随附齐全。

e.记账凭证上有关人员(如财务主管、复核、记账、制单等)的印章是否齐全。

②凭证装订时的方法。

a.将凭证封面和封底裁开,分别附在凭证前面和后面,再拿一张质地相同的纸(可以再找一张凭证封皮,裁下一半用,另一半为订下一本凭证备用),放在封面上角,做护角线,如图8.2所示。

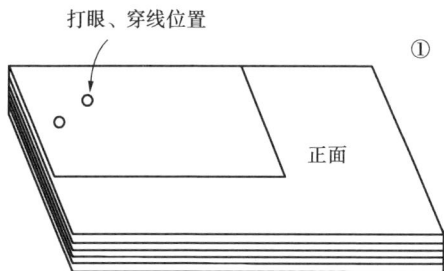

图8.2

b.在凭证的左上角画一边长为5厘米的等腰三角形,用夹子夹住,用装订机在底线上分布均匀地打两个眼儿,如图8.3所示。

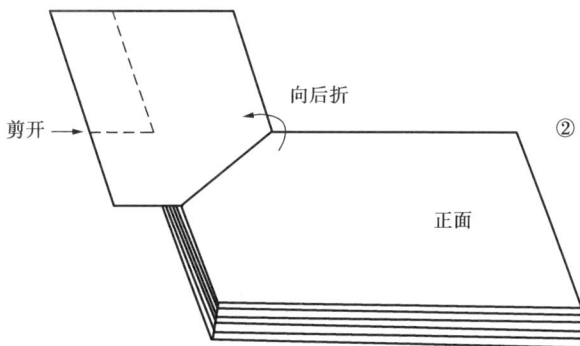

图8.3

c.用大针引线绳穿过两个眼儿。如果没有针,可以将回形别针顺直,然后将两端折向同一个方向,将线绳从中间穿过并夹紧,即可把线引过来,因为一般装订机打出的眼儿是可以穿过的,如图8.4所示。

d.在凭证的背面打线结。线绳最好在凭证中端系上。

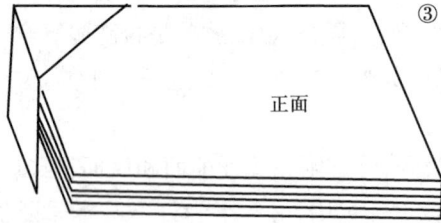

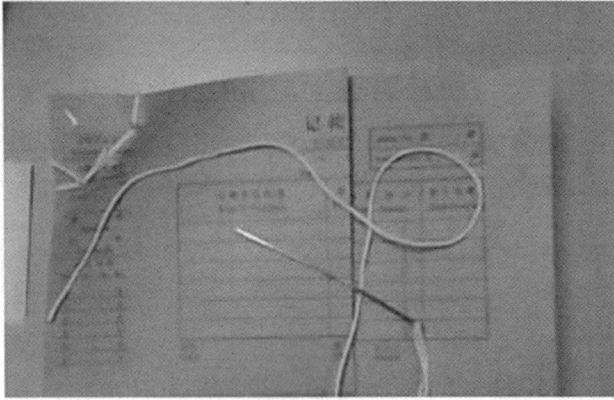

图 8.4

e. 将护角向左上侧折,并将一侧剪开至凭证的左上角,然后抹上胶水,如图 8.5 所示。

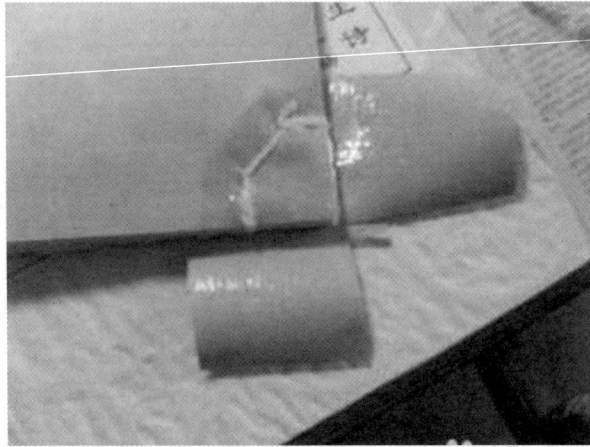

图 8.5

f.将护角向后折叠,并将侧面和背面的线绳扣粘死,如图8.6所示。

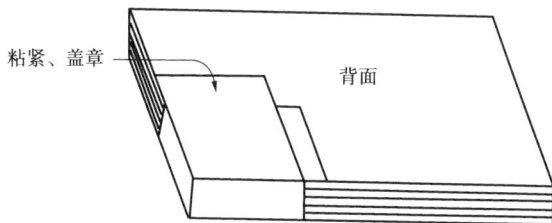

图8.6

g.待晾干后,在凭证本的脊背上面写上"某年某月第几册共几册"的字样。装订人在装订线封签处签名或者盖章。装订凭证厚度一般为1.5厘米,方可保证装订牢固,美观大方,如图8.7所示。

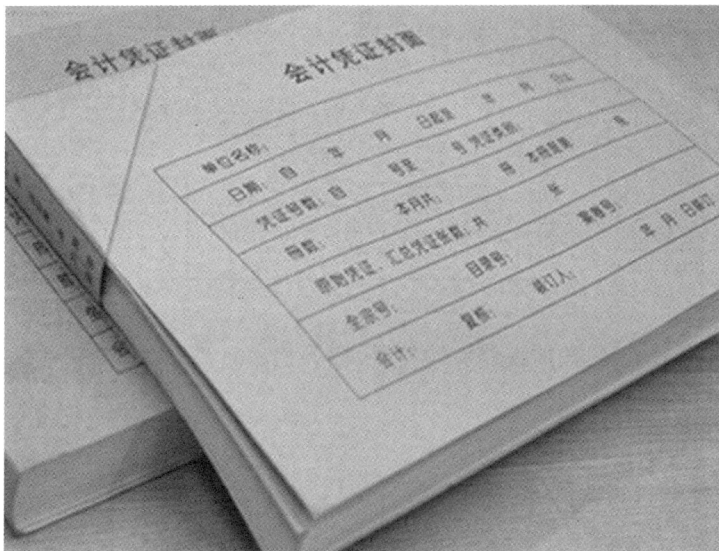

图8.7

(2)会计凭证的编号

①一册凭证作为一个保管单位,按时间顺序排列,用四位阿拉伯数字编制大流水册号,将编号用卷签(双格口取纸一半)贴在每册凭证脊背底边处,并在每册凭证封面右上角加盖数码章。

②档号编制:以每册为单位,以"全宗号-目录号-册号"的顺序编写,如:0020-005-0048。0020为全宗号,005为目录号,0048为册号。(档号为目录检索使用。)

③装盒:按时间顺序装盒。

④凭证盒封面填写要求(名称部分盖单位名称章,时间、册数、保管期限、编号全部盖章,编号为盒内起止册号),如表8.5所示。

表8.5

名　　称	重庆市历下区档案局
时　　间	2013.01—2013.05
册　　数	5
保管期限	短期
编　　号	0048-0052

⑤以盒为单位编制大流水盒号,在盒脊下方贴蓝色三格口取纸。第一行:全宗号·目录号;第二行:册号(起止号);第三行:盒号(四位数),填写居中,如表8.6所示。

表8.6

0020 · 005
0072-0078
0020

⑥建立检索工具:按册编制案卷目录,输入档案管理软件。

2)会计账簿的整理

(1)会计账簿的装订

各种会计账簿年度结账后,除跨年使用的账簿外,其他账簿应按时整理立卷。基本要求是:

①账簿装订前,首先按账簿启用表的使用页数核对各个账户是否相符,账页数是否齐全,序号排列是否连续;然后按会计账簿封面、账簿启用表、账户目录、该账簿按页数顺序排列的账页、会计账簿装订封底的顺序装订。

②活页账簿装订要求:

a.保留已使用过的账页,将账页数填写齐全,去除空白页和撤掉账夹,用质好的牛皮纸做封面、封底,装订成册。

b.多栏式活页账、三栏式活页账、数量金额式活页账等不得混装,应按同类业务、同类账页装订在一起。

③账簿装订后的其他要求：

a. 会计账簿应牢固、平整，不得有折角、缺角、错页、掉页、加空白纸的现象。

b. 会计账簿的封口要严密，封口处要加盖有关印章。

（2）会计账簿的编号

①编写页数：以每册为单位，用铅笔对有效的页面编写；正面编在右上角，反面编在左上角。

②账簿排列、编号：账簿封面编号为一年一编，按账簿的自然形成规律，依时间顺序排列，编号顺序为总账、现金日记账、银行存（借）款日记账、分户明细账。用四位阿拉伯数字编制大流水册号，将编号用卷签（双格口取纸一半）贴在每册正面右上角。

③档号编制：以每册为单位编制，全宗号-目录号-案卷号（册号），如，0020-004-0072。

④装盒：按时间顺序装盒并编写卷内目录、备考表。

⑤以盒为单位编制大流水盒号，并将盒号用数码章盖在盒脊的最下方。

⑥会计档案盒的盒面盖单位名称章；盒脊内容填写（填写内容全部盖章，案卷号为盒内账簿起止册号）如表8.7所示。

表8.7

年　度：2013
全宗号：0020
目录号：004
案卷号：0072-0078
保管期限：长期
0012（盒号）

⑦编制检索工具：按册编制案卷目录，输入档案管理软件。

3）会计报表的整理

（1）会计报表分类组卷

以案卷为保管单位,年报为永久,四季度报表在没有年报的情况下为永久（有单独年报时,为短期）,其他季、月报表为短期。年报要单独整理立卷,季报和月报可根据张数的多少,立成一卷或数卷。

（2）编制页号

以卷为单位,用铅笔对有效页面编写,正面编在右上角,反面编在左上角。

（3）编写卷内目录、备考表

（4）案卷的装订

会计报表装订前要按编报目录核对是否齐全,整理报表页数,上边和左边对齐压平,防止折角,如有损坏部位先修补。装订前拆除金属物,没有装订线的归档材料加边条;装订时材料底边要齐,用双股蜡线,三孔一线装订。会计报表装订顺序为会计报表封面、会计报表编制说明、各种会计报表按会计报表的编号顺序排列、会计报表的封底。

（5）编制案卷号

按时间顺序排列,采用四位阿拉伯数字编大流水卷号。

（6）档号编制

按照"全宗号 + 目录号 + 案卷号"的顺序进行排列编制,如表 8.8 所示。

表 8.8

全宗号	目录号	案卷号
0020	003	0024

（7）案卷皮的填写

案卷封面填写:除案卷题名,其他栏目均为盖章;卷脊填写:全宗号、目录号、年度、卷号,全部项目盖章或碳素墨水填写,如表 8.9 所示。

表8.9

重庆市历下区档案局(全宗名称)		
会　计(二级类目)		
重庆市历下区档案局关于2013年度部门决算报表 (案卷题名:责任者+问题或内容+文种或名称)		
自2013年12月至2013年12月	保管期限	永久
本卷共7件50页	归档号	(不填)

(8)编制检索工具

按卷编制案卷目录,并编制全引目录,输入档案管理软件。

(9)卷内文件材料的折叠

需要折叠的文件,应整体折叠,以不损伤文件原件为宜,并尽量齐整、美观。

8.1.7　会计档案的归档与保管

1)归档

各单位每年形成的会计档案,应由会计机构按照归档要求,负责整理立卷,装订成册,编制会计档案保管清册。当年形成的会计档案,在会计年度终了后,可暂由会计机构保管一年,期满之后,应当由会计机构编制移交清册,移交本单位档案机构统一保管。出纳人员不得兼管会计档案。移交时间按照《会计档案归档制度》的规定执行,即3月底前向档案部门移交前一个年度的档案(例如:2009年应移交2007年度的档案)。各单位应按照规定,由档案部门对会计档案实行集中统一管理,妥善保管。

2）会计档案的保管

《会计档案管理办法》规定："当年会计档案,在会计年度终了后,可暂由本单位财务会计部门保管一年,期满之后原则上应由财务会计部门编制清册移交本单位的档案部门保管。"根据上述规定,会计档案的保管要求主要有:

（1）会计档案的移交手续

财务会计部门在将会计档案移交本单位档案部门时,应按下列程序进行:

①开列清册,填写交接清单。

②在账簿使用日期栏填写移交日期。

③交接人员按移交清册和交接清单项目核查无误后签章。

（2）会计档案的保管要求

①会计档案室应选择在干燥防水的地方,并远离易燃品堆放地,周围应备有相应的防火器材。

②采用透明塑料膜作防尘罩、防尘布,遮盖所有档案架和堵塞鼠洞。

③会计档案室内应经常用消毒药剂喷洒,经常保持清洁卫生,以防虫蛀。

④会计档案室保持通风透光,并有适当的空间、通道和查阅地方,以利查阅,并防止潮湿。

⑤设置归档登记簿、档案目录登记簿、档案借阅登记簿,严防毁坏损失、散失和泄密。

⑥会计电算化档案保管要注意防盗、防磁等安全措施。

⑦会计档案的保管期限。会计档案的保管期限分为永久、定期两类。定期保管期限分为3年、5年、10年、15年、25年5类。会计档案的保管期限,从会计年度终了后的第一天算起。

a. 永久:会计档案保管清册、会计档案销毁清册以及年度财务报告。

b. 25年的:现金和银行存款日记账。

c. 5年的:固定资产卡片(于固定资产报废清理后保管5年)、银行存款余额调节表、银行对账单。

d. 3年的:月度、季度财务报告。

e. 15年的:其他。含所有会计凭证、总账、明细账、日记账、辅助账簿(不包括现金和银行存款日记账)和会计移交清册。

会计档案的保管期限,从会计年度终了后的第一天算起,如2012年度终了日为 12 月 5 日,保管期限按 2013 年元月 1 日开始计算。

（3）排架

按会计档案形式—时间顺序排列,即全部会计档案,按报表、账簿、凭证、其他四大类分别以时间顺序进行排列。

（4）借阅

各单位保存的会计档案不得借出。如有特殊需要,经本单位负责人批准,可以提供查阅或者复制,并办理登记手续。档案部门以及档案管理人员应按照有关规定,严格履行自己的职责。具体规定如下:

①会计档案为本单位提供利用,原则上不得借出,有特殊需要须经上级主管单位或单位领导、会计主管人员批准。

②外部借阅会计档案时,应持有单位正式介绍信,经会计主管人员或单位领导人批准后,方可办理借阅手续;单位内部人员借阅会计档案时,应经会计主管人员或单位领导人批准后,办理借阅手续。借阅人应认真填写档案借阅登记簿,将借阅人姓名、单位、日期、数量、内容、归期等情况登记清楚。

③借阅会计档案人员不得在案卷中乱画、标记,拆散原卷册,也不得涂改抽换、携带外出或复制原件(如有特殊情况,须经领导批准后方能携带外出或复制原件)。

④借出的会计档案,会计档案管理人员要按期如数收回,并办理注销借阅手续。

8.1.8   会计档案的销毁

会计档案的保管期限,从会计年度终了后的第一天算起。《会计档案管理办法》规定,保管期满的会计档案,可以按照以下程序销毁:

①由本单位档案机构会同会计机构提出销毁意见,编制会计档案销毁清册,列明销毁会计档案的名称、卷号、册数、起止年度和档案编号、应保管期限、已保管期限、销毁时间等内容。

②单位负责人在会计档案销毁清册上签署意见。

③销毁会计档案时,应当由档案机构和会计机构共同派员监销。国家机关销毁会计档案时,应当由同级财政部门、审计部门派员参加监销。财政部门销毁会计档案时,应当由同级审计部门派员参加监销。

④监销人在销毁会计档案前,应当按照会计档案销毁清册所列内容清点核对所要销毁的会计档案;销毁后,应当在会计档案销毁清册上签名盖章,并将监销情

况报告本单位负责人。

任务 2   出纳相关工作交接

《会计法》第二十四条规定:"会计人员调动工作或者离职,必须与接管人员办理交接手续。一般会计人员办理交接手续,由会计机构负责人、会计主管人员监交。"出纳交接要按照会计人员交接的要求进行。出纳员调动工作或者离职时,与接管人员办清交接手续,是出纳员应尽的职责,也是分清移交人员与接管人员责任的重大措施。办好交接工作,可以使出纳工作前后衔接,可以防止账目不清、财务混乱。

出纳工作交接要做到两点:一是移交人员与接管人员要办清手续;二是交接过程中要有专人负责监交。交接要求进行财产清理,作账账核对、账款核对,交接清理后要填写移交表,将所有移交的票、款、物编制详细的移交清册,按册向接交人点清,然后由交、接、监三方签字盖章。移交表应存入会计档案。交接分为三阶段:交接准备、交接阶段以及交接结束。

8.2.1   交接准备

准备工作包括以下 5 个方面:

①将出纳账登记完毕,并在最后一笔余额后加盖名章。

②出纳账与现金、银行存款总账核对相符,现金账面余额与实际库存现金核对一致,银行存款账面余额与银行对账单核对无误。

③在出纳账启用表上填写移交日期,并加盖名章。

④整理应移交的各种资料,对未了事项要写出书面说明。

⑤编制"移交清册",填明移交的账簿、凭证、现金、有价证券、支票簿、文件资料、印鉴和其他物品的具体名称和数量。

8.2.2   交接阶段

出纳员的离职交接,必须在规定的期限内,向接交人员移交清楚。接交人员应认真按移交清册当面点收。一般来说,交接的顺序是按照这样的顺序进行:首先交接支票和银行日记账;其次交接现金和现金日记账;再次是清点、交接保险柜;最后是清点、交接印鉴。交接时要注意以下事项:

①现金、有价证券要根据出纳账和备查账簿余额进行点收,款账相符后才能签字盖章。接交人发现不一致时,移交人要负责查清。

②出纳账和其他会计资料必须完整无缺,不得遗漏。如有短缺,由移交人查明原因,在移交清册中注明,由移交人负责。

③接交人应核对出纳账与总账、出纳账与库存现金和银行对账单的余额是否相符,如有不符,应由移交人查明原因,在移交清册中注明,并负责处理。

④接交人按移交清册点收公章(主要包括财务专用章、支票专用章和领导人名章)和其他实物。

⑤接交人办理接收后,应在出纳账启用表(见下表)上填写接收时间,并签名盖章。会计部门整理的会计档案,经档案部门检查验收合格后,双方办理交接手续:会计档案案卷目录一式两份、全引目录一份,经交接双方清点核实;交接文据一式两份,交接双方签字盖章,各执一份(后附:交接文据格式)。

8.2.3　交接结束

交接完毕后,交接双方和监交人,要在移交清册上签名或盖章。移交清册必须具备:单位名称、交接日期、交接双方和监交人的职务及姓名,以及移交清册页数、份数和其他需要说明的问题和意见。移交清册一般一式三份,交接双方各执一份,存档一份。

任务3　工商操作指南

8.3.1　企业注册

企业的注册流程主要有以下8个步骤:

①准备5个以上公司名称到工商局核名。

②到刻章厂刻章一套,分为公章、财务章、法人章、合同章。同时到银行开立验资户并存入投资款。

③整理资料到工商局办理营业执照(表8.10)。

④整理资料到质量技术监督局办理公司组织机构代码证。

⑤整理资料到国税局办证处办理国税证。

⑥整理资料到地税局办证处办理地税。

⑦到开立验资户的银行或其他银行开设公司基本账户。

⑧公司会计整理资料到国地税务分局办理公司备案及报税事宜。

表8.10　企业法人营业执照

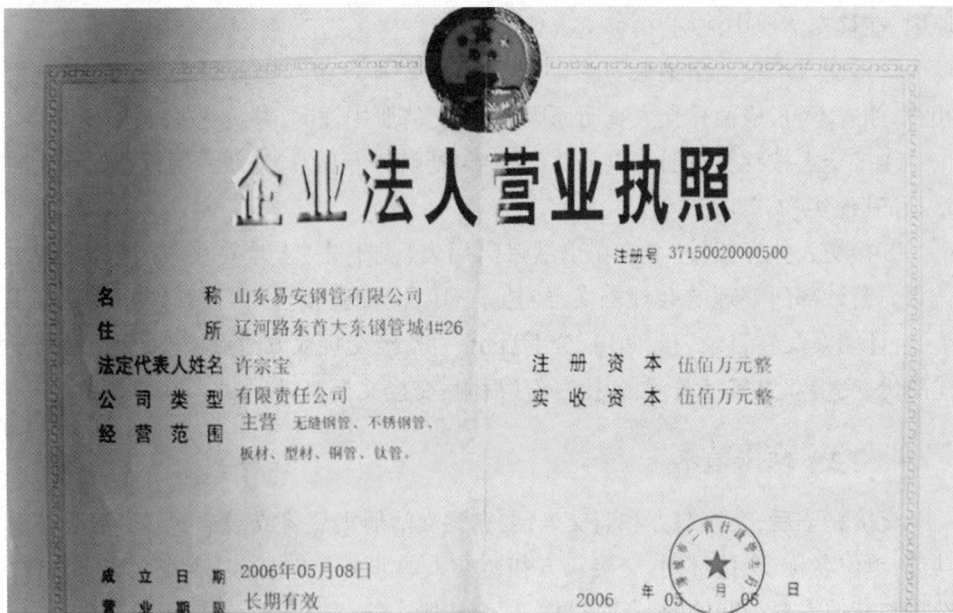

8.3.2　企业年检

企业年度检验是指工商行政管理机关依法按年度对企业进行检查,确认企业继续经营资格的法定制度。凡领取《中华人民共和国企业法人营业执照》《中华人民共和国营业执照》《企业法人营业执照》《营业执照》的有限责任公司、股份有限公司、非公司企业法人和其他经营单位,均须参加年检。当年设立登记的企业,自下一年起参加年检。

国家工商总局发出通知,自2014年3月1日起正式停止企业年度检验工作,年检改为年度报告公示制度。

据此,总局决定自2014年3月1日起停止对领取营业执照的有限责任公司、股份有限公司、非公司企业法人、合伙企业、个人独资企业及其分支机构、来华从事经营活动的外国(地区)企业,以及其他经营单位的企业年度检验工作。

通知提出,国务院发布的《注册资本登记制度改革方案》将企业年度检验制度改为企业年度报告公示制度;改革个体工商户验照制度,建立符合个体工商户特点的年度报告制度;探索实施农民专业合作社年度报告制度。据悉,现行年度检验制度对于各类市场主体来说负担不小,不仅花费较多时间和精力,还可能由于年检错失市场机会。而年检改为年报制度,一方面,方便企业按时公示年度报告,增强企业披露信息的主动性;另一方面,可以充分发挥社会的监督力量,促进企业自律和社会的共治。

8.3.3 公司的合并、分立、解散清算、破产清算

1)公司的合并

公司合并是指两个或两个以上的公司,订立合并协议,依照公司法的规定,不经过清算程序,直接结合为一个公司的法律行为。公司合并有两种形式:一是吸收合并,是指一个公司吸收其他公司后存续,被吸收的公司解散;二是新设合并,是指两个或两个以上的公司合并设立一个新的公司,合并各方解散。

依照《公司法》第184条的规定,公司合并的程序有以下5项:

①作出合并决定或决议。其中,股份有限公司的合并,还必须经国务院授权的部门或者省级人民政府批准。

②签订合并协议。合并协议应当包括下列主要内容:合并各方的名称、住所;合并后存续公司或新设公司的名称、住所;合并各方的资产状况及其处理办法;合并各方的债权债务处理办法(应当由合并存续的公司或者新设的公司承继)。

③编制资产负债表和财产清单。

④通知债权人。即公司应当自作出合并决议之日起10日内通知债权人,并于30日内在报纸上公告。债权人自接到通知书之日起30日内,未接到通知书的自公告之日起45日内,有权要求公司清偿债务或者提供相应的担保。不清偿债务或者不提供相应担保的,公司不得合并。

⑤办理合并登记手续。公司合并,应当自合并决议或者决定作出之日起90日后申请登记。

2)公司的分立

公司分立是指一个公司通过依法签订分立协议,不经过清算程序,分为两个或两个以上公司的法律行为。公司分立有两种形式:一是派生分立,是指公司以其部分资产另设一个或数个新的公司,原公司存续;二是新设分立,是指公司全部资产分别划归两个或两个以上的新公司,原公司解散。

根据合同法的规定,法人分立后,除债权人和债务人另有约定的以外,由分立

的法人对合同的权利和义务享有连带债权,承担连带债务。

3)公司的解散清算

公司的解散是指已成立的公司基于一定的合法事由而使公司消灭的法律行为。

(1)公司解散的原因

公司解散的原因有两大类,一类是一般解散的原因,一类是强制解散的原因。

一般解散的原因是指,只要出现了解散公司的事由,公司即可解散。我国《公司法》第190条规定了公司一般解散的原因,主要有:

①公司章程规定的营业期限届满或者公司章程规定的其他解散事由出现。

②股东会(股东大会)决议解散。

③因公司合并或者分立需要解散的。

强制解散的原因是指由于某种情况的出现,主管机关或人民法院命令公司解散。公司法规定强制解散公司的原因主要有:

①主管机关决定。

②责令关闭。

③吊销营业执照。

(2)公司的解散清算

清算是终结已解散公司的一切法律关系,处理公司剩余财产的程序。

依照我国《公司法》的规定,公司除因合并或分立解散无须清算,以及因破产而解散的公司适用破产清算程序外,其他解散的公司,都应当按《公司法》的规定进行清算。

①成立清算组。解散的公司,应当自解散之日起15日内成立清算组。清算组负责解散公司财产的保管、清理、处理和分配工作。

②清理财产清偿债务。清算组对公司资产、债权、债务进行清理。在清算期间,公司不得开展新的经营活动。任何人未经清算组批准,不得处分公司财产。清算组在清理公司财产、编制资产负债表和财产清单后,发现公司财产不足清偿债务的,应当立即向人民法院申请宣告破产。公司经人民法院裁定宣告破产后,清算组应当将清算事务移交给人民法院。公司财产能够清偿公司债务的,清算组应先拨付清算费用,然后按照下列顺序清偿:

a.职工工资和劳动保险费用。

b. 所欠税款。

c. 公司债务。

d. 分配剩余财产。在支付清算费用和清偿公司债务后,清算组应将剩余的公司财产分配给股东。有限责任公司按照股东的出资比例进行分配;股份有限公司按照股东持有的股份比例进行分配。

e. 清算终结。

公司清算结束后,清算组应当制作清算报告,国有独资公司报国家授权的机构或部门确认;国有独资公司以外的其他有限责任公司,提交股东会确认;股份有限公司提交股东大会确认。

4)破产清算

《公司法》中的破产清算是指处理经济上破产时债务如何清偿的一种法律制度,即在债务人丧失清偿能力时,由法院强制执行其全部财产,公平清偿全体债权人的法律制度。破产概念专指破产清算制度,即对债务人宣告破产、清算还债的法律制度。

企业破产清算,是企业破产的主要核心工作,其工作量之大、涉及的法律法规之广,决定了其工作程序之复杂。具体步骤如下:

(1)企业被人民法院宣告破产

当企业因经营管理不善,导致严重亏损,无力清偿到期债务,经和解整顿仍不能实现和解协议约定的清偿义务,由人民法院裁定后,宣告破产。

(2)组建清算组

企业破产清算组由人民法院主持成立,成员由法院从破产企业的上级主管部门、政府财政部门、工商、审计、经委、税务、物价、劳动、社保、土地、国资、人事等部门组织,银行可派人参与。其主要职责是清理破产企业的财产,处理破产企业的善后事宜,代表破产企业参与民事诉讼活动。

(3)接管破产企业

清算组在人民法院宣告企业破产之日起5日内组成,立即接管破产企业的账册、文书、资料、印章,行使法律赋予的权利。

(4)处理善后事宜

清算组依法接管破产企业后,对破产企业的财产进行保管、清算、估价、变卖、分配,决定是否履行未履行完毕的合同,交付属于他人的财产,追收破产企业在法院受理破产案件前6个月至宣告破产之日期间内非法处理的财产。

(5)编制破产财产分配方案

清算组在清理破产企业的财产、处理完善后事宜、验证破产债权后,在确定破产企业的财产的基础上编制财产分配方案,提交债权人会议讨论,通过后交人民法院裁定。

(6)清偿债务

清算组编制的破产财产分配方案经人民法院裁定后,清算组根据方案的要求以现金或者实物偿还破产企业的债务。清偿结果如果有剩余财产,在企业所有者之间进行再次分配。

(7)报告清算工作

清算组在接管破产企业后,应定时或不定时向人民法院报告清算工作的进度,向人民法院负责。

(8)提请终结破产程序

清算组清偿完破产企业的债务后,清算工作结束,应当向人民法院报告,请求终结破产程序、解散清算组。

(9)追究破产责任

由监察和审计部门负责,查明企业破产的责任,对责任人依责任大小给予行政、刑事处罚。

(10)办理注销登记

人民法院终结破产程序后,清算组应当在原破产企业登记机关注销其登记,终止其法人地位。

(11)追回非法处分的财产

自破产程序终结之日起一年内,发现破产企业有故意损害债权人利益的非法处置的财产,由人民法院负责追回,并按原清算组拟订并经债权人讨论、人民法院裁定的方案进行分配,如有剩余,企业所有人可进行再次分配。

参考文献

［1］陈微.新手学出纳［M］.北京:人民邮电出版社,2013.

［2］李建军.出纳新手——快速上岗三日通［M］.北京:化学工业出版社,2013.

［3］王俊清.新手学出纳［M］.北京:中国铁道出版社,2014.

［4］陈文玉.出纳实操——从新手到高手［M］.北京:中国铁道出版社,2013.